Nesibe
Kahraman

Alles, was dazwischen liegt

Nesibe Kahraman

Alles, was dazwischen liegt

Von der Kunst, innere Widersprüche und Mehrdeutigkeit auszuhalten

BELTZ

FSC www.fsc.org MIX Papier | Fördert gute Waldnutzung FSC® C089473

Dieses Buch ist erhältlich als:
IISBN 978-3-407-86783-4 Print
ISBN 978-3-407-86784-1 E-Book (EPUB)

1. Auflage 2024

Lektorat: Dr. Katharina Theml, Wiesbaden; Dorothea Bühler
Einbandgestaltung: FAVORITBUERO, München

Herstellung und Layout: Sarah Veith
Satz: Publikations Atelier, Weiterstadt
Druck und Bindung: Beltz Grafische Betriebe, Bad Langensalza
Beltz Grafische Betriebe ist ein Unternehmen mit finanziellem Klimabeitrag (ID 15985-2104-100).
Printed in Germany

Weitere Informationen zu unseren Autor:innen und Titeln finden Sie unter: www.beltz.de

Ich glaube, man schreibt,
weil man eine Welt schaffen muss,
in der man leben kann.

Anaïs Nin

Inhalt

Vorwort

»Ich fürchte mich so vor der Menschen Wort.
Sie sprechen alles so deutlich aus.
Und dieses heißt Hund und jenes heißt Haus,
und hier ist der Beginn und das Ende ist dort.

Mich bangt auch ihr Sinn, ihr Spiel mit dem Spott,
sie wissen alles, was wird und war;
kein Berg ist ihnen mehr wunderbar;
ihr Garten und Gut grenzt grade an Gott.

Ich will immer warnen und wehren: Bleibt fern.
Die Dinge singen hör ich so gern.
Ihr rührt sie an: sie sind starr und stumm.
Ihr bringt mir alle die Dinge um.«

Rainer Maria Rilke

Durch Sprache können wir uns ausdrucken, austauschen, verbinden, aber auch konfrontieren und Konflikte austragen. Wir können Worte nutzen, um Wertschätzung zu zeigen, aber auch um zu verletzen. Damit das möglich ist und wir uns verstehen können – dieselbe Sprache sprechen –, müssen wir uns aber vorher auf Worte und ihre Bedeutung, ihre Schreibweise und ihre Aussprache einigen. Das, was wir ausdrücken wollen – menschliche Erfahrungen –, muss also in aneinandergereihte Buchstaben passen. Damit das funktioniert, müssen wir sehr viel kategorisieren. Rilke reflektiert diesen Prozess der Kategorisierung und zeigt dabei eine tiefe Sensibilität gegenüber der Macht und den Begrenzungen der Sprache, der Begrifflichkeiten, die wir erfanden und verwenden, und seine Furcht vor deren oft vereinfachender und einschränkender Natur. Er drückt seine Ängste vor den Worten der Menschen aus, die für ihn zu klischeehaft und begrenzend sind. Er stellt die Selbstverständlichkeit der Worte infrage, indem er darauf hinweist, dass sie alles so »deutlich« ausdrücken, sodass kein Raum für wahre Tiefe und Unerklärlichkeit sowie Ungewisses bleibt. Kein Raum für alles dazwischen. Die Worte werden zu starren Kategorien und Schubladen. Sie lassen keinen Interpretationsspielraum für alles, was nicht kategorisierbar ist. Für alles, was nicht in eine bestimmte Schublade passt. Für das, was mehrdeutig und uneindeutig ist. Für alles, was dazwischenliegt. Seien es individuelle Erfahrungen, Erlebnisse oder komplexe Umstände des Lebens.

Die Zeilen »sie wissen alles, was wird und war; kein Berg ist ihnen mehr wunderbar« betonen die Vorhersehbarkeit und Eindimensionalität, die dieses kategoriale Denken innehat. Ich verstehe Rilke so, dass er befürchtet, dass die Vielschichtigkeit des Lebens durch die Begrenzungen von Worten, aber auch durch gedankliche Begrenzungen, verloren gehen könnte. Die Worte der Menschen werden zu simplen Etiketten, die die Tiefe und Komplexität der Realität nicht immer oder nicht gänzlich erfassen können.

Betrachten wir die Kommentarspalten von Online-Zeitungsartikeln oder Social-Media-Beiträgen als Spiegel der Gesellschaft, merken wir schnell, dass Rilkes Befürchtung längst wahr geworden ist. Die begrenzte Natur der Sprache hat sich bereits zum eindimensionalen, kategorialen Denken entwickelt. Denn alles muss – fast schon zwanghaft – in bestimmte Kategorien geordnet werden. Dinge sind entweder richtig oder falsch – je nachdem, ob sie unserer persönlichen Meinung entsprechen oder nicht. In Sekundenschnelle verhärten sich die Fronten, Diskussionen werden zu einem persönlichen Angriffskrieg, Meinungen werden zu absoluten Wahrheiten; und da, wo es gefordert wäre, Mehrdeutigkeit auszuhalten, entsteht als Gegenwehr nur noch mehr Polarisierung.

Wenn die Online-Redaktion mit vergeblichen Versuchen von Streitschlichtungen nicht mehr hinterherkommt, werden die Kommentarspalten deaktiviert. Ich frage mich dann, ob man die aufgebrachten Menschen in den Kommentarspalten mit der Deaktivierung eigentlich bestraft oder erlöst. Sozusagen vor sich selbst schützt. Vor der eigenen inneren Polarisierung. Auch wenn das sicherlich weder die Aufgabe noch die Intention der Redaktionen ist, scheint mir das ein interessanter Nebeneffekt zu sein. Denn normalerweise kommen wir über Gespräche, Diskussionen, Austausch, das Anhören anderer Meinungen und Standpunkte sowie aktiven Perspektivwechsel zu einer fundierteren Meinung und einem differenzierteren Bild einer Gegebenheit. Doch nur wenn wir das auch wollen und uns die Mühe machen, in einen echten Austausch zu gehen. Wenn wir aushalten, dass es andere Sichtweisen und andere Wahrheiten gibt, die unserer gewählten Wahrheit auf den ersten Blick widersprechen mögen, doch ebenso wahr sein können.

Was heutzutage aber leider viel zu oft passiert, ist, dass wir uns nicht in einen echten Austausch begeben, sondern in einen Schlagabtausch. Es geht dann nicht mehr ums echte Anhören, interessierte Verstehen und Einnehmen anderer Perspektiven. Es geht ums Gewinnen oder Verlieren. Es geht um Fronten und das Sichern der eigenen Front gegen die »feindliche«. Gegensätzliches wird nicht ausgehalten, sondern bekämpft. Toleranz ist dafür nicht erforderlich und auch eher störend.

Und damit meine ich nicht nur die im Außen stattfindenden Konflikte mit mindestens zwei Beteiligten. Sondern auch die

Konflikte im Inneren, die wir mit uns selbst austragen. Denn was wir mit inneren Widersprüchen machen, gleicht oft dem, was wir in unreflektierten Konflikten mit anderen beobachten können. Sei es nun ein Konflikt in einer engen Beziehung oder das Streitgespräch mit Fremden in einer Kommentarspalte. Wir nehmen immer gegensätzlichere Positionen ein, verhärten die jeweiligen Fronten und halten diese Spannung zwischen den beiden Polen irgendwann kaum noch aus.

Willkommen im sich selbst verstärkenden Teufelskreis.

Als Psychotherapeutin kenne ich dieses Gefühl, diese Spannung, die den Raum erfüllt, wenn ein innerer Konflikt in meinem Gegenüber stattfindet, nur zu gut. Ich habe gelernt, wachsam dafür zu sein und die Vermeidungsstrategien, die sich schnell zeigen, zu umgehen und zurück zum Konflikt zu gehen.

Als Privatperson kenne ich diese Konflikte auch von mir. Hier neige ich selbst viel lieber zur Vermeidung und muss mich dann immer wieder ermahnen, für einen Moment bei den ausgelösten Gefühlen zu bleiben und sie zunächst stehen zu lassen, wahrzunehmen und auszuhalten. Das Wegdrücken fällt uns so viel leichter, trotz des Wissens darum, dass es das Problem nicht lösen kann.

Allein das Schreiben dieses Buches hat so viel Konflikte in mir ausgelöst, dass ich mich immer wieder dabei erwischt habe, wie ich Gründe fand, dem Schreiben zu entkommen. Um in der Haltung einer möglichst objektiven Psychotherapeutin zu schreiben, musste ich mich immer wieder selbst reflektieren und mich selbst aushalten. Ich konnte meine privaten Ansichten und Meinungen nicht einfach wegdrücken. Je mehr ich das versuchte, umso eher kamen sie zutage und taten genau das, was das Buch nicht will: eine Meinung erzählen.

Meinung. Kaum ein Wort löst mittlerweile mehr Anspannung in mir aus. In der Welt der zahlreichen Meinungen, die sich gegenseitig in ihrer Bedeutsamkeit steigern wollen und dabei immer mehr an Inhalt verlieren, war das Letzte, was ich hiermit erreichen wollte, noch mehr Meinung dazuzugeben. Ich möchte erzählen. Über echte Menschen und ihre Themen. Über meine eigenen, die sich immer wieder zwischen den Zeilen finden. Und ich möchte dieses Potpourri aus Geschichten, Emotionen, Gedanken, Haltungen und Verhalten stehen lassen und zum Aushalten ermutigen. Wenn es irgendetwas gibt, was dieses Buch lehren kann, ohne dass es diesen Anspruch oder das Ziel hat, dann ist es die Kunst, Dinge auszuhalten. Und ich persönlich kann mir aktuell kaum eine wichtigere Tugend vorstellen.

Gerade in Zeiten von sich rasant entwickelnden Geschehnissen, in der Welt von geforderten »Statements« und dem Sich-auf-eine-Seite-schlagen-Müssen, von ineinander verschwimmenden Meinungen und Fakten sowie von Ansprüchen wie Selbstentwicklung und Selbstoptimierung brauchen wir diese Tugend vermutlich mehr als je zuvor.

Was diese Welt bereits im Übermaß hat und definitiv nicht noch mehr benötigt, sind dichotome Standpunkte, Schwarz-Weiß-Denken, Intoleranz, verhärtete Fronten, schnelle Meinungen. Dabei sollten wir alle – jeder für sich – bei uns selbst beginnen, statt ins Außen zu gehen und andere zu maßregeln.

Gerade die inneren Kriege, die in uns selbst stattfinden, befeuern diese Haltung im Außen. Denn wenn ich in mir und mit mir nicht im Reinen bin, sondern in einem ständigen Kampf, ausgelöst durch Widersprüche in mir, wie kann ich da Toleranz für weitere Meinungen im Außen aufbringen? Ich kann von keinem Menschen, der täglich in sich selbst, mit sich selbst, kämpft, erwarten, dass er im Außen friedlich, versöhnlich und tolerant ist. Eine aufrichtige Akzeptanz und Toleranz für mehr als eine Wahrheit erfordert Energie und Aufwand. Es erfordert, Ressourcen einzusetzen, um sich in einen echten Austausch zu begeben und sich in Perspektiven hineinzuversetzen, die man eigentlich zutiefst ablehnt. Woher sollen diese Ressourcen kommen, wenn sie schon dafür aufgebraucht werden, einen Konflikt im Inneren auszutragen, der schier endlos erscheint? Woher sollen neue Ressourcen geschöpft werden, wenn man sich in einem Teufelskreis ohne sichtbaren Ausweg befindet?

Wir müssen also erst einmal den Krieg in uns beenden, um uns auch im Außen auf gegensätzliche Perspektiven, konstruktive Konflikte und versöhnlichere Kompromisse einlassen zu können.

Doch diese ganzen Meinungen, Positionen, Bedürfniskonflikte, Wertunterschiede und inneren und äußeren Kämpfe bringen uns immer wieder zu der Frage, wie das eigentlich alles unter einen Hut passen soll, ohne Konflikte und Spannungen auszulösen. Wie passen das Gegensätzliche und Widersprüchliche eigentlich zusammen? Die Antwort besteht in einer Gegenfrage: Warum muss es das denn? Können wir diese Widersprüche denn nicht auch zulassen, aushalten und sie integrieren? Auch wenn wir alle diese Eindeutigkeit und Übereinstimmung im Innen und im Außen anstreben, so stellt sich mir die Frage, ob wir sie denn nur über das Auflösen dieser Widersprüche erreichen können. Oder ob wir die Stimmigkeit in uns und zwischen uns nicht vielleicht auch über einen anderen Weg ermöglichen können. Nämlich über das Aushalten von allem, was nicht sofort eindeutig ist. Was sogar widersprüchlich ist. Über das Zeitgleich-stattfinden-Lassen. Über das Parallel-existieren-Lassen. Über das Nebeneinanderstehenlassen. Über die innere und äußere Toleranz für Widersprüchliches. Über die Ambiguitätstoleranz.

Das fordert allerdings die Kunst des Zulassens, des Annehmens und des Aushaltens. Diese Kunst, die die Ambiguitätstoleranz verkörpert, offenbart sich in der Bereitschaft, zwischen den Zeilen zu lesen, zwischen den Worten zu lauschen und die Grautöne des Verstehens zu erkunden. In einer Welt, die oft von polarisierenden Ansichten und festen Überzeugungen geprägt ist, erweist sich diese Fähigkeit als kraftvolles Gegenmittel. Ein Gegenmittel, das wir gerade in diesen turbulenten Zeiten stets in unserer Tasche wissen sollten.

Denn ein Leben, das von einer ausgewogenen Ambiguitätstoleranz geprägt ist, gleicht einem Tanz auf dem Drahtseil zwischen dem Selbst und der Gemeinschaft. Es ist die Kunst, sich mit anderen zu verbinden, ohne dabei die eigene Identität zu verlieren, und gleichzeitig die Gemeinschaft zu stärken, ohne die Individualität der Einzelnen zu ersticken.

Es erfordert ein feines Gleichgewicht zwischen Selbstbewusstsein und Empathie, zwischen Selbstbestimmung und Solidarität. Wie ein Seiltänzer, der seine Balance auf dem Seil zwischen Himmel und Erde findet, müssen wir unsere eigenen Bedürfnisse und Überzeugungen mit den Bedürfnissen und Ansichten anderer in Einklang bringen.

Ambiguitätstoleranz ermöglicht es uns, die Vielfalt der Welt zu umarmen und die Unterschiede zwischen uns als Bereicherung zu sehen, nicht als Hindernis. Sie erlaubt es uns, offen für neue Perspektiven zu sein und aus ihnen zu lernen, während wir gleichzeitig unsere eigene Stimme behalten und für unsere Überzeugungen einstehen.

Indem wir auf diesem schmalen Draht tanzen, können wir eine starke und lebendige Gemeinschaft aufbauen, die auf gegenseitigem Respekt, Verständnis und Wertschätzung basiert. Wir können die Bindungen zwischen uns stärken und gemeinsam Höhen erreichen, die wir allein nie erreichen könnten. Das Leben mit Ambiguitätstoleranz als Leitprinzip ist ein ständiger Akt des Gleichgewichts, eine fortwährende Herausforderung, aber auch eine Quelle der Inspiration und des Wachstums. Es ist ein Tanz, der uns lehrt, dass wir zusammen stärker sind als allein und dass unsere Unterschiede uns verbinden, anstatt uns zu trennen. Dann fürchten wir uns vielleicht nicht mehr vor des Menschen Wort.

Kapitel 1

Zwischen dem, was war, und dem, was ist

»Gäbe es einen Preis für den strengsten Vater der Welt, so bin ich mir sicher, dass mein Vater ihn bekommen hätte«, sagte sie und fuhr mit ihrer Erzählung über ihren Vater fort. Sie erzählte, dass immer, bevor der Vater nach Hause kam, sich die Mutter und die fünf Kinder darauf vorbereiteten.

»Wir räumten alle Spielsachen, die darauf hindeuten könnten, dass wir Spaß hatten, schnell weg. Wir schafften Malstifte, Knete und alle anderen Utensilien, die Vater irgendwie aufregen oder nerven konnten, aus seinem Blickfeld«, erzählte sie, und ich spürte ihre steigende Anspannung.

»Klingt, als mussten Sie alle gewappnet sein, wenn er nach Hause kam«, sagte ich mit fragendem Unterton.

Ich stellte mir dieses Haus vor wie eine kleine Villa Kunterbunt – die sich aber ab dem späten Nachmittag in ein kaltes, reizarmes Neubau-Loft verwandelte, in der keine Kinder erlaubt waren. Vielleicht gab es eine Nacktkatze, die leise durch die Wohnung schlich. Mehr wie ein lebendes Accessoire als ein Haustier. Aber sicher keine Kinder. Ich konnte die aufgeregten Kinderrufe, das Getrampel von kleinen Füßen und sehr viel Gelächter in der Villa Kunterbunt hören. Doch wenn er den Raum betrat, dann wurde es plötzlich still. Alles Bunte wurde grau und das Gelächter verstummte. Das Getrampel war nicht mehr zu hören. Wenn man sich anstrengte, hörte man bestenfalls noch das leise Gehen auf Zehenspitzen. Dann war von dieser verspielten, heiteren Atmosphäre nichts mehr zu spüren. Es gab auch keinen Hinweis darauf, dass es Spiel und Spaß gegeben haben könnte. Dafür wurde täglich ab 16.30 Uhr gesorgt.

»Eine halbe Stunde bevor mein Vater nach Hause kam, wurde unsere Wohnung zu seiner Wohnung umgeräumt, die er bevorzugte. Wenn er da war, wurde es so still, dass ich meinen eigenen Herzschlag hören konnte. Ich weiß noch, wie mich das als Kind faszinierte. Weil ich meinen Herzschlag sonst eigentlich nie so hören konnte.«

Das schien eine sehr eindrückliche Erinnerung für sie zu sein, und aus der bisherigen Arbeit mit ihr wusste ich, dass sie sehr prägend für die Entwicklung ihrer Panikstörung war. Denn heute löst ein erhöhter Herzschlag eine Kette von negativen Assoziationen bei ihr aus – allen voran die Angst, plötzlich an einem Herzinfarkt sterben zu können.

»Ein pochendes Herz ist für mich bis heute mit der Angst vor meinem Vater verbunden«, fügte sie hinzu. »Das Erste, was er tat, wenn er nach Hause kam, war, das gesamte Wohnzimmer mit seinen Blicken zu scannen. Wir Kinder und unsere Mama standen dabei alle in Reih und Glied und warteten seine Entscheidung ab. Seine Blicke wanderten dann streng durch den Raum.« Ihre Anspannung erhöhte sich, was bei mir das Bedürfnis auslöste, sie aus ihrer Erinnerung zu holen. Doch nicht sie als Erwachsene. Am liebsten hätte ich alle fünf Kinder da rausgeholt. Psychotherapeutische Arbeit aufseiten der Therapeutin heißt auch, sich diesen Impulsen bewusst zu werden, ihnen aber nicht nachzugeben, sondern sie für die Arbeit zu nutzen.

»Wenn Sie sich noch einmal einfühlen in die Situation – wie Sie da in Reih und Glied standen. Was war Ihr Bedürfnis in dieser Situation?«, fragte ich.

»Ich wollte da einfach nur raus. Weg. Ganz schnell weg. Ich wünschte, jemand wäre gekommen und hätte uns da rausgeholt. Es kam aber niemand. Nie.« Ich spürte ihre Enttäuschung und ihre Wut und fühlte mich für einen kurzen Augenblick verantwortlich für all diese Kinder, denen niemand geholfen hatte.

»Es wirkte immer so, als würde er etwas suchen. So schaute er sich um. Nicht, weil er etwas verloren hatte. Sondern, um etwas zu finden. Am besten einen Fehler, über den er sich dann aufregen konnte. Meistens fand er auch einen. Und wenn er mal keinen fand, dann erfand er einen«, fuhr sie fort.

»Was genau waren denn die Fehler?«, wollte ich wissen und hatte schon eine Ahnung, dass es vermutlich sehr willkürlich gewählt war, was ein Fehler war und was nicht.

»Manchmal fand er einen Malstift irgendwo, den wir übersehen hatten. Manchmal war es aber auch ein Brief, der schief auf dem Tisch lag, oder es waren seine Pantoffeln, die nicht bereitstanden. So oder so gab es täglich Ärger. Jeden Tag hörten wir seine laute Stimme durch das Haus hallen. Und die Nachbarn hörten es sicherlich auch«, sagte sie vorwurfsvoll. »Er schmiss auch ständig irgendwas durch die Gegend, was dann einen lauten Knall gab. Ich weiß zum Beispiel ganz genau, wie sich Glas, Plastik oder Porzellan anhört, wenn sie auf einen Laminatboden knallen. Sie machen alle jeweils unterschiedliche Geräusche«, erinnert sie sich, und ich kann wieder die kindliche Faszination in ihren Augen funkeln sehen.

»Ich wusste einfach nicht, was er eigentlich wollte. Ich fragte mich immer wieder, wie ich ihn heiterer stimmen konnte. Doch es gab keinen Weg – weder über Geschenke wie selbst gemalte Bilder noch über besonders gehorsames Verhalten. Egal was wir taten, es schien keinen Unterschied zu machen«, sagte sie und wirkte verzweifelt.

»Bis ihre Mutter sich endlich trennte«, nahm ich ihr vorweg.

»Ja. Ich weiß es noch genau. Ich war schon seit einigen Jahren fürs Studium ausgezogen. Als ich die Nachricht erhielt, dass meine Mutter sich trennte, war ich sowohl erleichtert als auch besorgt. Ich war so stolz auf meine Mutter, dass sie es endlich geschafft hatte, aber ich hatte gleichzeitig unheimliche Angst um sie. Ich hatte Angst, dass er ihr jetzt etwas antun würde. Etwas noch Schlimmeres als sonst.« Sie stockte.

»Trat es denn ein?«, fragte ich vorsichtig.

»Nein. Im Gegenteil. Vielleicht war das, was dann passierte, in gewisser Weise schlimmer als das, was ich erwartet hatte«, sagte sie und lächelte das erste Mal leicht. Ich verstand nicht.

»Wie meinen Sie das?«

»Er griff weder Mama noch uns Kinder verbal oder körperlich an. Er lauerte uns auch nicht auf, sondern tat etwas, womit keiner der Beteiligten gerechnet hatte. Er suchte den Kontakt zu uns. Insbesondere zu mir, und er flehte mich an, mit ihm zu sprechen. Noch nie hatte einer von uns ihn bitten oder flehen gehört. Noch nie hatten wir ihn weinen sehen. Er war wie ausgewechselt.« Sie blickte an mir vorbei ins Leere, und es schien, als würde sie diese Erinnerung noch einmal ganz intensiv vor dem inneren Auge abspielen lassen. Sie schien es zu genießen.

»Wie hat sich das für Sie angefühlt?«, fragte ich leise, um sie beim Zuschauen nicht zu sehr zu stören.

»Erst dachte ich, dass es vielleicht nur so ein gestörtes Spielchen war. Ein Manipulationsversuch oder so. Aber als ich mich dann mit ihm traf und ihn sah, da wusste ich, dass es echt war. Er saß da wie ein Häufchen Elend. Er weinte und schluchzte. Er sah aus, wie soll ich sagen, wie ein kleiner verletzter Junge«, schilderte sie wieder ähnlich fasziniert und genüsslich.

»Und was macht das mit Ihnen?«, fragte ich erneut.

»Ich fühlte etwas, was ich noch nie ihm gegenüber gefühlt hatte. Ich weiß nicht genau, was es war. Ich hatte auch das erste Mal Sorge um ihn. Ich überlegte sogar, ob ich zwischen meinen Eltern noch vermitteln konnte. Ob meine Mutter doch noch zurückkehren würde. Das war natürlich Quatsch, aber ich weiß noch, wie ich das kurz gedacht habe.«

Sie fing an, an ihren Fingernägeln zu kratzen, und wirkte nervös. Ich blickte sie an und nickte leicht, um zu verdeutlichen, dass es okay ist. Dass sie alles sagen durfte.

»Ich fühlte auch so etwas wie Genugtuung. Es fühlte sich einfach so gerecht und richtig an, dass er nun der war, der litt. Dass er nun der Schwächere war, der Hilfe brauchte und in diesem Augenblick von meiner Gunst abhängig war. Ich fühlte mich ihm zum ersten Mal in meinem Leben überlegen und mächtig.« Sie blickte zu Boden, während sie weitersprach, es löste offenbar Scham in ihr aus.

»Aber das Gefühl hielt nicht so lange an. Ich hielt das alles kaum aus. Wie konnte das sein, dass dieser Mann, der doch so riesig, so stark und so unüberwindbar war, plötzlich so ein Häufchen Elend war, dem ich überlegen war? Ich? Das kleine Mädchen, das sich schon mehrfach in die Hose gepinkelt hatte, wenn er sie nur zu lange ansah. Jetzt war ich ihm überlegen und er war ein Nichts. So hilflos. So bemitleidenswert. Das löste Panik in mir aus. Ich dachte, dass ich vielleicht falschlag. Ich dachte, dass ich alles falsch wahrgenommen hatte und er damals schon so wie jetzt gewesen war. Dass ich mir aber eingeredet hatte, dass er so böse sei. Was, wenn er immer so war? Menschen können sich doch nicht so drastisch ändern. Ich war ein Kind und habe vielleicht alles falsch gedeutet. Ich habe mir meine eigene Kindheit zerstört.« Verzweiflung füllte den Raum.

Es schien einen inneren Konflikt in ihr auszulösen. Da war dieser Mann, der sie ihre ganze Kindheit und Jugend über tyrannisiert und kontrolliert hatte, Verbote und Drohungen ausgesprochen hatte, wo er nur konnte. Der nicht ein liebes Wort für sie und die anderen Familienmitglieder übrighatte, dem sie nie etwas hatte anvertrauen können, vor dem sie all ihre Interessen, Gedanken und Sorgen verbarg, weil bei ihm kein Platz dafür war. Wie konnte dieser Mann zeitgleich dieses Häufchen Elend sein – obwohl er eigentlich dieser große mächtige Tyrann war, vor dem sie sich so fürchtete?

In ihrer Verzweiflung versuchte sie, den Konflikt schnell dadurch zu lösen, dass sie an ihrer eigenen Wahrnehmung zweifelte.

Dass sie an den Erlebnissen in ihrer Kindheit zweifelte und sich selbst die Verantwortung für diese grausamen Erlebnisse zusprach. Dadurch erhielt sie schnell das vermisste Kontrollgefühl zurück. Verständlich. Aber der Konflikt bleibt. Das, was sich anfühlt wie eine Abkürzung, ist leider nur ein Umweg. Aber manchmal brauchen wir diese Zeit, die uns so ein Umweg geben kann.

»Wir hatten danach etliche Gespräche. Er schrie mich auch nie wieder an. Zu meiner völligen Überraschung war er tatsächlich in der Lage, ruhige und konstruktive Gespräche zu führen. Er wurde schnell emotional, aber dabei nicht wütend, sondern eher traurig. Mittlerweile kommen wir sogar gut miteinander aus«, sagte sie, und ich konnte ihre eigene Verwunderung in ihren Worten hören.

»Wie haben Sie diesen inneren Konflikt für sich gelöst? Der Tyrann, vor dem man sich fürchten muss, ist jetzt der Mensch, mit dem Sie gute Gespräche führen können«, stellte ich fest und versuchte, sie aus ihrem Umweg der Vermeidung zurückzuholen.

»Ich habe erst viel an mir selbst gezweifelt. Ich habe alles, was passiert ist, infrage gestellt. Vielleicht war er gar nicht so schlimm? Vielleicht war das nur meine kindliche Perspektive? Vielleicht habe ich all meine kindlichen Ängste an ihm ausgelebt?«

Ich runzelte die Stirn und merkte, wie mich die Sorge überkam, dass diese Gedanken nicht nur ihrer Vermeidung des Konflikts entsprangen, sondern dass ihr Vater ihr das eingeredet haben könnte.

»Aber glücklicherweise habe ich noch vier Geschwister, die mir meine Erfahrungen bestätigen konnten. Mir fiel ein, dass Bekannte und einige Verwandte mir damals meine Schilderungen über ihn nicht glauben wollten. Sie sagten immer, dass er doch so ein netter, ruhiger und hilfsbereiter Mensch war und dass er immer ein offenes Ohr haben würde. Das hat mich immer so wütend gemacht. Ich wusste nämlich, dass er das nicht war.« Sie seufzte. »Aber wenn ich ihn heute sehe, dann denke ich, dass die anderen vielleicht doch recht hatten. Oder wie sagt man? In der Mitte liegt die Wahrheit?« Sie lächelte etwas. Als sei das nur eine Redewendung, die einem solche gedanklichen Konflikte leichter machen soll.

»Und wenn die Wahrheit in der Mitte läge? Wie würde das dann alles zusammenpassen?«, fragte ich.

»Dann wäre beides irgendwie wahr. Auch wenn das komisch klingt. Aber dann wäre er beides. Der Tyrann und das Häufchen Elend. Und vermutlich war er dann schon immer beides. Und wahrscheinlich noch viel mehr, wovon ich noch gar nichts weiß.«

»Er kann ja beides und alles andere sein. Aber die Realität, die Sie mit ihm hatten, ist trotzdem passiert. Das muss nicht relativiert werden.«

»Es ist aber so schwer auszuhalten«, sagte sie seufzend.

»Was genau?«, wollte ich wissen.

»Dass er – während er so scheiße zu uns war – so gut zu anderen sein konnte. Das ist etwas, womit ich noch sehr hadere. Ich hatte immer ein klares Bild meiner Kindheit und meiner Rolle in der Familie, und ich wurde durch diese Erfahrungen, wer ich heute bin«, erklärte sie.

»So schlimm die Erfahrungen auch waren, sie waren zeitgleich identitätsstiftend«, fügte ich hinzu und sprach dabei mehr zu mir als zu ihr.

»Genau. Und jetzt habe ich das Gefühl, dass dieses ganze Kartenhaus zusammenbricht. Als wäre mir diese Erfahrung und die Geschichte dazu genommen worden. Das Mädchen, das sich durchkämpft. Das war ich. Ich habe das Gefühl, dass das jetzt nicht mehr so ist. Als wäre die Geschichte einfach umgeschrieben worden. Aber es ist doch meine Geschichte!«

Koexistenz

Sie sah ihn zum ersten Mal als Menschen – losgelöst aus der Vaterrolle, losgelöst von der Familie. »Das kann nicht mein Vater sein«, dachte sie immer wieder, wenn sie mit diesem ruhigen und eher traurigen Mann sprach.

Und in gewisser Weise hatte sie recht. Es war auch nicht ihr Vater – zumindest war er nicht in dieser Rolle. Doch sie kannte diesen Menschen nur als ihren Vater – was natürlich absolut logisch ist, weil sie mit ihm als Vater aufgewachsen ist. Es ist eine Realität, dass er ihr Vater war und sie seine Tochter. Und eine weitere, parallel existierende Realität ist, dass er auch noch ein Mensch fernab der Vaterrolle war – den sie so aber nicht kannte und auch nicht kennen konnte. Sie lernte nun eine neue Facette von ihm kennen, weil er sie ihr zeigte. Eine verletzliche und schwächere Facette.

Sie konnte diese Facette nun ablehnen, nicht wahrhaben wollen, um bei ihrer Realität vom »starken, autoritären, furchterregenden Vater« bleiben zu können, oder sie lernte die neue Facette ihres Vaters kennen. Sie musste das nicht tun, aber sie hatte die Wahl. Und natürlich konnte das Verhalten – wie anfangs von ihr und mir befürchtet – nur ein Manipulationsversuch seinerseits sein, doch auch das wäre eine neue Facette, die sie an ihm kennenlernen und vermutlich schnell vermeiden würde. Und natürlich können wir hier nach ihren Motiven fragen, doch noch auf diesen Vater beziehungsweise Menschen einzugehen. Beispielsweise dem tiefen Bedürfnis danach, doch noch eine liebevolle Vaterfigur in diesem Leben zu haben und die frustrierten Bedürfnisse in der Kindheit ein Stück weit wiedergutmachen zu wollen. Vielleicht war aber auch gerade das nicht aushaltbar für sie, da sie das Konstrukt »Vater« nicht mit »liebevoll« assoziierte und so nie kennengelernt hatte. Vielleicht konnte sie ihn deshalb in dieser neuen Beziehungsstruktur auch nur als »neuen Menschen« sehen. Vielleicht, weil alles andere nur zu weiteren inneren Konflikten und Widersprüchen geführt hätte. *Kann ich den tyrannischen Vater doch noch als Vater lieben, statt ihn abzulehnen? Kann ich ihm vertrauen, statt stetig Angst vor ihm zu haben?*

Es gibt hier kein Richtig oder Falsch. Es geht nicht darum, was sie letztendlich getan hat und ob sie weiter in den Kontakt mit ihm getreten ist oder nicht. Es geht vorerst darum, rein gedanklich zuzulassen, dass mehr als eine Wahrheit möglich ist – auch wenn sie nicht gut auszuhalten ist. Es geht darum, die Widersprüche und das Ungewisse, wenn sie einmal da sind, auszuhalten und stehen zu lassen, ohne dem sofortigen Impuls einer Gegenwehr nachzugeben. Es geht darum, diese vermeintlichen Widersprüche als das, was sie tatsächlich sind, zu sehen, anzuerkennen und auszuhalten. Denn sie werden zu Widersprüchen, weil wir sie dazu machen – sind sie in ihrem Ursprung doch nur Mehr- und Vieldeutigkeit. Wären wir nicht auf Einfachheit und Eindeutigkeit gepolt, so würde jede Mehrdeutigkeit nicht sofort einen Widerspruch, eine Spannung in uns und auch keinen Konflikt in uns auslösen müssen.

Um zu einer Toleranz für die innere und äußere Mehrdeutigkeit, einer Toleranz der Ungewissheit, zu gelangen – der Ambiguitätstoleranz –, müssen wir zunächst die Vorstellung der absoluten Einheit ohne Widersprüche und ohne parallel stattfindende gegensätzliche Gefühle, Bedürfnisse und Werte, an der wir so innig festhalten und von der wir so überzeugt sind, loslassen. Das erfordert Mut, denn es sprengt die Illusion der Sicherheit, die wir uns aufgebaut haben. Es zerstört zunächst das ganze Kartenhaus dessen, was wir über uns selbst, über andere Menschen und über die Umwelt zu wissen glauben, und öffnet neue, bisher unbekannte und damit natürlich auch zunächst unsichere Wege, uns selbst und andere in ihrer Vielfalt und Komplexität kennenzulernen.

Das heißt, die ersehnte Lösung, wenn es überhaupt eine geben kann, liegt in der Pluralität. Denn es gibt viele Wege nach Rom. Einer führt definitiv über die Ambiguitätstoleranz: das Aushalten und Tolerieren von Mehrdeutigkeit.

Wir müssen also erst einmal die Konflikte in uns erkennen und verstehen, um uns auch im Außen auf gegensätzliche Perspektiven, konstruktive Konflikte und versöhnlichere Kompromisse einlassen zu können. Nach der Vermeidung, nach dem Umweg, doch wieder auf die unbequeme Spur zurückkehren, die uns aber letztlich ans ersehnte Ziel bringt. Zur Selbsterkenntnis.

Doch wie gelingt das? Wie passt das Gegensätzliche und Widersprüchliche eigentlich zusammen? Die Antwort besteht in einer Gegenfrage: Warum muss es das denn? Können wir diese Widersprüche nicht auch zulassen, aushalten und sie integrieren? Auch wenn wir alle diese Einheit, Kohärenz und Übereinstimmung im Innen und im Außen anstreben, so stellt sich mir die Frage, ob wir sie tatsächlich nur über das Auflösen dieser Widersprüche erreichen können. Oder ob wir die Kohärenz nicht vielleicht auch über einen anderen Weg ermöglichen können? Nämlich über das Aushalten von allem, was nicht sofort kohärent ist. Über das Zeitgleich-stattfinden-Lassen. Über das Parallel-existieren-Lassen. Über das Nebeneinander-stehen-Lassen. Über die innere und äußere Toleranz für Widersprüchliches. Über die Ambiguitätstoleranz.

Kapitel 2

Zwischen Richtig und Falsch

Rumi, der bekannte persische Dichter und Mystiker, schrieb: »Jenseits von Richtig und Falsch liegt ein Ort. Dort treffen wir uns.« Dieses Zitat ist jedem von uns mit großer Wahrscheinlichkeit bereits mehr als einmal begegnet und erfreut sich großer Beliebtheit. Ich bin mir sicher, dass die meisten Menschen, innerlich oder auch nach außen sichtbar, zustimmend nicken, wenn sie es lesen. Doch ich bin mir auch sicher, dass die wenigsten dieser Menschen sich fragen, warum sie diesen Worten zustimmen und was genau an diesen Worten so viel Anklang in ihnen findet.

Jenseits von Richtig und Falsch klingt erleichternd, verträglich und nach einem erwünschten Zustand. Wir möchten keinesfalls falschliegen und die Schuld und Verantwortung des Falschen tragen müssen. Dafür sind wir bereit, das *Richtig* aufzugeben. Jenseits dieser beiden Zustände können wir sein und uns begegnen, ohne uns zu verurteilen. Ohne uns in Schubladen und Kategorien einordnen zu müssen. Es fühlt sich frei an. Als gäbe es an diesem Ort, jenseits von diesen beiden schweren Kategorien, die so viel Unbehagen auslösen können, eine Unbeschwertheit und Freiheit, die innerhalb der Kategorien nicht denkbar wäre.

Es ist dieser Zwischenraum, der sich so befreiend und wohltuend anfühlt. Er nimmt uns die Angst vor der Last der Verantwortung, auf der falschen Seite zu stehen, oder die unerträgliche Bürde des Richtigliegens. Der Rechtschaffenheit, von der wir denken, dass sie unser Ziel sei, zu der wir hinstreben, doch die sich immer wieder als Falle entpuppt. Als ein Käfig, den wir freiwillig betreten, weil wir glauben, sicher in ihm zu sein. Ein Käfig, dessen Tür unerwartet gewaltsam hinter uns zufällt und der von unserem eigenen unerfüllten Bedürfnis nach Sicherheit und Kontrolle zugesperrt wird. *Ich bin da. Ich bin angekommen. Auf der sicheren Seite. Ich liege richtig. Ich habe mich denen angeschlossen, die richtigliegen, und bin nun eine der Rechtschaffenen.*

An diesem Ort, dem richtigen Ort, gibt es allerdings klare Grenzen, vor allem zum Falschen. Wenn ich diese Grenzen überschreite, verliere ich alle meine Privilegien der Sicherheit und Anerkennung für meine Rechtschaffenheit und falle ins Verderben. Ins Falsche. Auf die andere Seite. Auf die Seite der anderen. Denn in diesem kategorialen Denken gibt es uns, die Richtigen, und es gibt die anderen, die Falschen. Und plötzlich werden aus einer Gesellschaft, aus einem Wir, mehrere Wirs. Wir und die anderen. Und auch diese entwickeln ihre eigenen Regeln und erschaffen ihre Grenzen und leben innerhalb ihrer sozial erwünschten Kategorien, die das Miteinander regeln und alle »Wirs« von den anderen »Wirs« trennen.

Kein Wunder also, dass sich die Idee von diesem Ort, jenseits von diesen Kategorien, so befreiend anfühlt. Auch wenn kaum einer von uns an diesem Ort lebt. Weder haben wir es als Gesellschaft abschließend geschafft, diesen Ort – auch in der gelebten Praxis und Realität – zu errichten, noch setzen wir uns als Individuen wirklich dafür ein, diesen Ort zumindest und zunächst in uns selbst zu erschaffen, bevor wir ihn nach außen tragen können.

Aktuelle politische Geschehen, wie der wachsende Erfolg einer teilweise als gesichert rechtsextrem eingestuften politischen Partei in einem Land wie diesem, das die Gefahren besser kennen sollte als die meisten anderen Länder, demonstrieren, dass wir weit weg sind von diesem Ort, den Rumi einst beschrieb. Ich frage mich, ob ein Mensch diesen Ort jemals betreten hat, ob dieser in der Realität bereits existiert oder ob er erst geschaffen werden muss. Ich glaube, dass es sich eher um einen Zustand handelt, den wir zunächst – jeder für sich – in uns selbst herstellen müssen, um ihn dann im Außen erschaffen zu können.

Die autoritäre Persönlichkeit

Else Frenkel-Brunswik wurde 1908 in Lwiw (heutige Ukraine) geboren und musste aufgrund antisemitischer Pogrome im Jahr 1914 – im zarten Alter von zwölf Jahren – mit ihrer Familie nach Wien fliehen. Dort absolvierte sie das Abitur, studierte zunächst Mathematik und Physik an der Universität Wien, wechselte aber später zur Psychologie und musste ein weiteres Mal ihre neue Heimat verlassen, denn auch diese hatte sich gegen sie gewendet und sich Nazi-Deutschland angeschlossen. Sie emigrierte nach Amerika, erhielt ihre Promotion in Psychologie an der University of Iowa und wurde später eine enge Mitarbeiterin von Kurt Lewin, einem ebenfalls einflussreichen Psychologen.

Else Frenkel-Brunswik leistete einen bedeutenden Beitrag zur Psychologie, insbesondere zur Erforschung der autoritären Persönlichkeit und des Antisemitismus. Frenkel-Brunswik war eine der Forscherinnen, die an den Studien zur autoritären Persönlichkeit beteiligt waren, die von Theodor W. Adorno, Nevitt Sanford und Daniel J. Levinson in den 1940er-Jahren durchgeführt wurden – wobei ihre Beiträge nicht annähernd so viel Anerkennung fanden wie die von ihren männlichen Kollegen und Vorgesetzten.

Ihre Studien untersuchten psychologische Merkmale und Einstellungen, die mit autoritären Denkweisen in Verbindung stehen könnten, und waren eine Reaktion auf die aufkommenden totalitären Regime in Deutschland beziehungsweise Europa. Sie trug auch maßgeblich zur Erforschung des Antisemitismus bei und analysierte die psychologischen Faktoren, die zu Vorurteilen und Diskriminierung führen können. Sie stellte die Frage nach den Charakterstrukturen, die Menschen anfällig für faschistische Ideologien machen, was in dieser Zeit nicht nur bahnbrechend, sondern auch politisch hochaktuell und gesellschaftlich relevant war. Anders gesagt: Sie untersuchte den Raum, den Rumi als »richtig« und »falsch« bezeichnete.

Was genau sie und ihre Kollegen da fanden, darauf möchte ich an anderer Stelle eingehen. Was sie mithilfe ihrer Forschung notwendigerweise auch beschreiben konnten, war der Ort jenseits von Richtig und Falsch. Denn wenn ich die Kategorien und ihre engmaschigen Grenzen identifizieren will, muss ich auch wissen, wo sie anfangen und wo sie aufhören. Ich muss verstehen, ab wann etwas in eine Kategorie gehört und wann nicht. Alles, was dazwischenliegt, ist dann das, was ungewiss, unsicher, unklar und damit ambig ist. Es kann mehrere Deutungen haben, ist von Natur aus uneindeutig, denn wenn es eindeutig wäre, würde es in eine Kategorie fallen können.

Ist Rumis ersehnter Ort also nur eine Falle? Ein unsicherer, dunkler Raum, der alles und nichts sein kann? Nein, noch nicht einmal das kann er sein. Denn dann wäre er wieder eindeutig. Er wäre alles. Oder er wäre nichts. Doch dieser Raum schafft es noch nicht einmal, der vagsten Formulierung standzuhalten. Er ist so uneindeutig und unklar, dass er keine Freiheit und Erleichterung mehr auslöst, sondern eine erdrückende Ungewissheit. Wenn ich die vorgefertigten, mit Grenzen und Stadtmauern umzäunten Orte der Dichotomie von Richtig und Falsch nun verlasse, um mich aufzumachen an einen Ort voller Ungewissheit, gebe ich meine Sicherheit, meine Kontrolle und alles, was ich an Ordnung und Struktur in mir und um mich aufgebaut habe, auf. Warum sollte ich das tun, Rumi? Warum sollte ich dir dorthin folgen, dich dort treffen wollen?

Denn denke ich nur an diesen Ort, dann ist da Angst vor mir. Ich wage zu behaupten, dass ich durch meine Sozialisierung in der aktuellen Gesellschaft keine Fertigkeiten und Kompetenzen dafür mitbekommen habe, an solch einem ungewissen Ort zu überleben. Was wir alle durch unsere Sozialisierung mitbekommen haben, ist vermutlich eher das kontinuierliche Streben nach Kontrolle, um jegliche Ungewissheit und Angst nicht aushalten zu müssen. Wir wachsen in sehr eingegrenzten und kontrollierten Rahmen auf, in denen wir uns bewegen. Wir lernen früh Regeln und Normen kennen und wissen, wie wir uns zu verhalten haben, um gemocht oder geduldet zu werden – je nachdem. Bereits im Kindesalter lernen wir eine ganze Menge »Das macht man nicht« und »Das gehört sich nicht«. In der Schule ist klar, was gefordert wird, um »weiter« zu kommen und »erfolgreich« zu sein. Uns wird in der Schule nichts so sehr gelehrt wie Gehorsam und Stillsitzen.

Ich weiß noch, wie ich jahrelang von einem Lehrer entweder ignoriert oder gezielt gemobbt wurde, weil ich seiner Meinung nach ungehorsam war. In seiner Welt der Regeln war das auch zutreffend. In meiner Welt habe ich mich für einen Mitschüler eingesetzt, der von diesem Lehrer immer wieder schikaniert wurde. Als ich ihm meine sachliche Kritik an seiner Vorgehensweise als Pädagoge mitteilte und den Schüler in Schutz nahm, brachte er mich sofort zum Schweigen und erteilte mir eine Strafarbeit. Ich sollte einen Aufsatz über »blindes Reden« schreiben. Da ich sprechen würde, ohne etwas zu wissen. Ich schrieb diesen Aufsatz. Ich schrieb, dass ich unter solidarischem Handeln kein blindes Reden verstehen könnte, was möglicherweise auch an meiner »Blindheit« für Wissen liegen könnte. Wenn ich nichts wüsste, so wie er es mir unterstellte, wie sollte ich dann meine eigene »Blindheit« (er meinte wahrscheinlich Unwissenheit) erkennen können? Wie soll ich sehen, wenn ich doch blind bin? Ich erklärte ihm dafür aber, was ich unter blindem Reden verstand, und schrieb drei Seiten darüber, wie er sich als Lehrer im Unterricht verhielt und nichts als Angst und Schrecken unter uns Schülerinnen und Schülern verbreitete. Ich nannte zahlreiche Beispiele seines Verhaltens in den letzten Jahren. Meine Mutter riet mir ab, den Text so abzugeben, und versuchte, mich zu überreden, ruhig und freundlich zu bleiben. Bloß nicht dem Lehrer widersprechen. Gehorsam. So wurde ihr es als Gastarbeiter-Kind schon früh eingetrichtert.

Ich gab den Aufsatz am nächsten Morgen ab, und er las ihn direkt im Matheunterricht. Ich wusste, dass er einen gehorsamen Aufsatz erwartet hatte, in dem ich mich demütig und reuevoll zeigte und nach dessen Lektüre er mich auf etwaige Rechtschreibfehler hinweisen und vor der ganzen Klasse lächerlich machen könnte. Er erwartete – so wie er es seit über 30 Jahren als Lehrkraft gewohnt war – einen Triumph. Den wollte ich ihm keinesfalls geben. Nicht auf meine Kosten. Auch wenn ich da schon wusste, dass mich dieser kleine Triumph die nächsten Schuljahre sehr viel Kraft kosten würde. Das war es wert. Ich beobachtete von meinem Platz aus, wie sein Kopf beim Lesen der Zeilen immer röter wurde. Ich musste an die rote Königin aus der fantastischen Erzählung »Alice im Wunderland« denken, und in einem Tim-Burton-Film wäre die Szene hier in diesem Klassenzimmer bunt und eindrucksvoll gewesen. Diese fantastische Tim-Burton-Vorstellung ließ mich das cholerische Schreien und dabei (unabsichtliche) Spucken viel besser ertragen. Ich lächelte in mich hinein und war unfassbar stolz, dass ich nicht, wie in 90 Prozent der Fälle zuvor, eingeknickt war und mich gehorsam und reuevoll verhalten hatte.

Der Aufsatz war nur für seine Augen gedacht. Das erkannte er, als er mir damit drohte, dass er diesen Aufsatz dem Schulleiter vorlegen und eine Schulkonferenz einberufen würde.

Ich nickte nur, wohl wissend, dass er das niemals tun würde – ja niemals tun könnte, ohne dass der Schulleiter und alle seine Kollegen erfahren würden, was er tatsächlich im Unterricht tat und was er über sie gesagt hatte. Denn um keine Konsequenzen auf Schulleiter-Ebene fürchten zu müssen, hatte ich bewusst auch Situationen beschrieben, in denen er über andere Lehrkräfte und die Schulleitung gelästert hatte.

So gut sich das in dem Moment auch anfühlte, zu mir selbst, zu anderen und zu meiner Meinung zu stehen: Ich zahlte dafür einen hohen Preis. Bei jeder Gelegenheit, die sich ihm bot, wurde ich von da an jahrelang von ihm schikaniert und ungerecht behandelt. In einem System, in dem der Lehrer sehr viel mehr Macht hat als die Schülerinnen und Schüler, ist kaum etwas dagegen auszurichten. Ungehorsam lohnt sich für uns meistens nicht. Wir werden dazu erzogen, den Machtvolleren zu gehorchen und uns anzupassen, statt selbst zu denken und diese Gedanken einzubringen. Wir erhalten Aufgaben, deren Antworten entweder richtig oder falsch sind. Wenn wir in Matheaufgaben die richtige Lösung – allerdings über einen anderen Weg – errechnet hatten, wurden wir dafür mit Punktabzug bestraft. »Richtige Lösung, aber falscher Weg« stand dann in roter Schrift neben der Aufgabe.

Es gibt also eine Aufgabe, eine richtige Lösung und einen richtigen Weg zu dieser Lösung. Alles andere ist falsch. Das lernen wir. Uns in einem eingegrenzten Rahmen von Möglichkeiten zu bewegen und alles andere auszublenden. Alles, was dazwischenliegt, alle ungewissen Wege werden so gemieden und machen kreative Lösungen damit unwahrscheinlicher.

Aber zurück zu Rumi: Was nehme ich denn mit, wenn ich auf eine Reise gehe, deren Ziel so unklar und uneindeutig ist, dass es mir unmöglich erscheint, mich darauf vorbereiten zu können? Was packe ich in einen Koffer, wenn ich nicht weiß, was ich dort brauchen werde, wenn ich nicht einmal weiß, wo oder was »dort« ist?

»Vorbereiten«, »Koffer«, »einpacken«, »brauchen«, »wissen müssen«, höre ich mich selbst denken und immer wieder wiederholen. Rumi würde lachen. Ich stelle mir vor, dass er schelmisch grinsend, aber ohne dabei anklagend zu wirken – er könnte die Balance halten, die es benötigt, damit sich das Gegenüber freundlich ertappt, aber nie erniedrigt fühlt –, so was Ähnliches sagen würde wie: »Die Verunreinigung des Ungewissen ist die Klarheit und Sicherheit. Lass das Ungewisse ungewiss sein.«

Natürlich würde er es nicht so stümperhaft wie ich ausdrücken, aber die Botschaft wäre eindeutig. *Eindeutig.* Wer zwischen den Zeilen lesen kann, spürt vielleicht, wie ich hier über mich selbst lache.

Aber wie soll ich denn auch meinen 34 Jahren kategorialen Denkens und der Suche nach Eindeutigkeit entfliehen? Wie soll ich diese Ungewissheit aushalten? Und um diese Motivation erst zu erlangen und zu aktivieren, stellt sich zunächst die Frage, nach dem Warum. Warum soll ich die Komfortzone der Eindeutigkeit verlassen, die Grenzen des Sicheren überschreiten, nur um mich an einen ungewissen Ort zu bewegen?

Ich gebe zu, mir persönlich würde die Antwort »Weil Rumi es sagt« ausreichen, doch um – falls jemand fragen sollte – eine fundiertere Auskunft erteilen zu können, möchte ich, und das sicher nicht zum letzten Mal in diesem Buch, auf Else Frenkel-Brunswiks Arbeit zurückkommen, die unter anderem zum Thema Faschismus und Persönlichkeit geforscht hat. Denn von Frenkel-Brunswik wurde die Ambiguitätstoleranz als eine Persönlichkeitseigenschaft definiert, die erworben werden kann. Die gemeinsamen Studien um Adorno und Frenkel-Brunswik stießen auf eine Ansammlung an Eigenschaften, die sie und ihre Kollegen als zusammengehörig einstuften und aus denen eine Kategorie gebildet werden konnte: die sogenannte »autoritäre Persönlichkeit«. Und die beschreibt ganz gut, warum wir an der Fähigkeit, die Ungewissheit und Uneindeutigkeit auszuhalten, arbeiten sollten.

Die autoritäre Persönlichkeit wird als eine spezifische Art der Persönlichkeitsstruktur betrachtet, die bestimmte Einstellungen, Werthaltungen und Verhaltensweisen aufweist. Das heißt, ein Mensch ist laut dieser Theorie zu dem Grad als autoritäre Persönlichkeit einzustufen, zu dem er oder sie zu diesen Eigenschaften neigt.

Zur autoritären Persönlichkeit zählen Eigenschaften wie autoritärer Gehorsam, ethischer Absolutismus, Tendenz zu rigiden moralischen Vorstellungen, bei denen moralische Fragen in absoluten Schwarz-Weiß-Kategorien betrachtet werden. Außerdem die Aggressivität gegenüber Minderheiten, strenge Konventionalität, rigide Denkstrukturen und vor allem die Tendenz zu starren Denkmustern und begrenzter Offenheit für neue Ideen oder Perspektiven.

Natürlich sollten wir den historischen Kontext beachten, in den dieses Konzept zwingend eingeordnet werden muss. Wie bereits erwähnt, ist diese Forschung während des Zweiten Weltkriegs um 1940 entstanden und dementsprechend nicht ohne Aktualisierungen übertragbar. Doch die Erkenntnisse lieferten wichtige Grundbausteine für die Persönlichkeitsforschung und Populismus- sowie Faschismustheorien und sind trotz ihres Alters noch oder gerade wieder schockierend aktuell – wenn auch nur theoretisch zu Forschungszwecken. Denn in der psychotherapeutischen Praxis existiert keine entsprechende Diagnose.

Die autoritäre Persönlichkeit sagt im Grunde nur aus, wie wahrscheinlich es für einen Menschen ist, faschistisch zu sein oder zu handeln. Dazu wurde von Frenkel-Brunswik und Kollegen die Faschismus-Skala (F-Skala) entwickelt, die unter anderem die oben genannten Eigenschaften erfassen soll. Spannend war, dass sie dabei weitere Zusammenhänge entdeckten. Sie postulierten, dass Menschen, die hohe Werte auf der F-Skala erhielten (hoher Faschismus), auch folgende Eigenschaften zeigten: Feindseligkeit, Machtorientierung, Externalisierung, Rigidität und Intoleranz gegenüber Mehrdeutigkeit.

Eine Intoleranz gegenüber Mehrdeutigkeit. Daraus lässt sich wiederum ableiten, dass es auch eine Toleranz gegenüber Mehrdeutigkeit geben muss, beziehungsweise dass man intolerantes Verhalten gezielt abbauen könnte, um Toleranz herzustellen. Diese Fähigkeit, die Toleranz von Mehrdeutigkeit, dieses ermutigende Konzept in den grausamen Zeiten des Nationalsozialismus, nannten sie Ambiguitätstoleranz.

Ambiguitätstoleranz ist die Toleranz für ambige – also uneindeutige, ungewisse, mehrdeutige – Situationen. Es ist die Fähigkeit, die es benötigt, um an den Ort, den Rumi beschrieb, reisen zu können. Es ist das, was wir in unseren Koffer legen können, um uns auf diese Reise vorzubereiten. Es ist das Gegenmittel, welches wir in unserer Tasche wissen sollten. Es ist die einzige und sinnvollste Vorbereitung, die wir treffen können, wenn wir uns auf den Weg machen, alte Strukturen, einengende Denkmuster und Glaubenssätze, längst überholte Wertvorstellungen oder Grenzen zwischen Gruppen von Menschen zu verlassen.

Warum wir das tun sollten, hat uns Else Frenkel-Brunswik gemeinsam mit ihren Kollegen bereits im Jahr 1940 gezeigt. Wir laufen sonst Gefahr, feindselige, rigide, machtorientierte, aggressive, diskriminierende, autoritäre, absolutistische und möglicherweise faschistische Menschen zu werden oder diese zu tolerieren. Natürlich muss eine fehlende Ambiguitätstoleranz nicht in diesem Extrem enden, und glücklicherweise tut sie das auch nicht so häufig, wie es sich manchmal anfühlt.

Doch bereits rigides Denken, die Neigung zu starren Kategorisierungen, das Schwarz-Weiß-Denken und die fehlende Offenheit sind Risikofaktoren für unsere mentale Gesundheit und beeinflussen unsere Beziehungen und unser soziales Miteinander in nicht unerheblichem Maße. Die Fähigkeit, die wir hier zunächst dringend brauchen, und wer mein erstes Buch kennt, weiß, dass ich nicht müde werde, das zu sagen, ist eine ehrliche und konfrontative Selbstreflexion.

Stereotype

Aber Hand aufs Herz – wer von uns nimmt sich schon täglich und regelmäßig Zeit dafür, eigene Gedankengänge, -muster, indoktrinierte Stereotype und Glaubenssätze oder individuelle und kollektive Werte- und Normvorstellungen zu reflektieren, geschweige denn zu hinterfragen oder gar zu verändern?

Vielleicht kaufen wir uns immer wieder mal, recht motiviert von Zeilen wie diesen oder inspirierenden Zitaten, Bücher zum Thema, die dann aber in unserem Regal verstauben. Oder wir hören, während der kurzen Zeit zwischen Aufwachen und Am-Arbeitsplatz-Sitzen, eine Podcast-Folge, die verspricht, dass sie helfen wird, uns selbst besser kennenzulernen, und vielleicht könnte sie diesem Ziel auch gerecht werden – ich mag das nicht beurteilen oder pauschalisieren –, jedoch geben wir ihr keine echte Chance dazu, weil wir im Grunde nicht die Inhalte aufnehmen, sondern nur noch Informationen konsumieren. Eine Information nach der anderen.

Diese Flut an Informationen will natürlich auch verarbeitet, abgelegt und sortiert werden. Das muss – gerade bei der rasanten Darbietung der in Millisekunden neu aufkommenden Inhalte – schnell und effizient gehen. Unser Gehirn kann sich da nicht leisten, zunächst zu stoppen, innezuhalten und uns reflektieren zu lassen, was wir da eigentlich gerade alles innerhalb einer 30-minütigen Mittagspause aufgenommen haben. Kurz bevor wir wieder am Arbeitsplatz sind und mit den nächsten nicht enden wollenden Informationen versorgt werden, muss also schnell sortiert werden.

Dafür haben wir mentale Strukturen oder Konzepte, die wir verwenden, um ähnliche Dinge, Menschen oder Ereignisse zu gruppieren. Diese Gruppierungen basieren auf gemeinsamen Merkmalen oder Eigenschaften. So würden beispielsweise Hunde, Katzen und Fische zur Kategorie »Tiere« zugeordnet oder Autos, Fahrräder und Flugzeuge zur Kategorie »Fahrzeuge«. Jede Kategorie hat dabei weitere Unter- und Oberkategorien wie zum Beispiel »Säugetiere« oder »Luftfahrzeuge«, sodass man sich hier schnell ein ganzes Geflecht aus Kategorien und untereinander verknüpften Assoziationen vorstellen kann.

Wie ein riesiges Netzwerk, was je nachdem, welchen Reiz es geboten bekommt, an der entsprechenden Stelle aktiviert wird. So können wir schnell und effizient Informationen in unserem Netzwerk ablegen. Das ist nicht nur faszinierend, sondern auch außerordentlich ökonomisch und hilfreich und schützt uns regelmäßig vor völliger mentaler Überforderung, insbesondere im digitalen Zeitalter und der relativ unnatürlichen Menge an Informationen und Reizen, denen wir ausgesetzt sind – oder uns selbst aussetzen.

Zwar sind Kategorien uns größtenteils dienlich, indem sie uns dabei helfen, die komplexe Welt um uns herum zu organisieren und ähnliche Dinge zu identifizieren und zu klassifizieren, doch jedes System hat seine Tücken. In diesem Fall sind es kognitive Verzerrungen oder anders genannt: Denkfehler.

Kategorisierung als kognitiver Prozess ist an sich nicht notwendigerweise ein Denkfehler, sondern eine grundlegende Art und Weise, wie unser Gehirn Informationen organisiert. Allerdings können bestimmte Denkfehler im Zusammenhang mit der Kategorisierung auftreten, wenn sie unangemessen oder fehlerhaft angewendet wird. So fangen wir gut und gerne an, Menschen aufgrund der Zugehörigkeit einer bestimmten Kategorie, wie beispielsweise Nationalität, Geschlecht oder Berufsgruppe, entsprechende Annahmen über bestimmte Fähigkeiten oder Verhaltensweisen, zuzuschreiben. Das nennt sich Stereotypisierung und ist die Grundvoraussetzung für Vorurteile und Diskriminierung.

Hier werden also unreflektiert Stereotype auf ganze Gruppen von Menschen übertragen, nur weil sie einer bestimmten Kategorie angehören oder angehören zu scheinen – dass wir uns da nicht immer ganz sicher sein können, spielt dabei leider kaum eine Rolle. Wir können dadurch unsere bereits gefasste Meinung, Ansicht oder Annahme bestätigen und meist auch noch ein Klischee bedienen. So gehören dann alle Menschen mit dunklerer Haut und dunkleren Haaren in die Kategorie »Ausländer«, unabhängig davon, wo sie tatsächlich geboren worden sind und wie sie sich selbst definieren würden – und nicht selten werden dieser Kategorie »Ausländer« bestimmte Merkmale und Verhaltensweisen zugeschrieben, wie »erhöhtes Gewaltpotenzial«, »gefährlich« und »kriminell«.

Diese Zuschreibungen und die automatische Aktivierung dieser Zuschreibungen, die nicht weiter reflektiert und als gegeben angenommen werden, nennen wir dann Stereotypisierung. Ein klassischer Denkfehler, der nur durch bewusste kognitive Arbeit hinterfragt werden kann.

Hand in Hand mit diesem Denkfehler geht ein weiterer erwähnenswerter kognitiver Fehler einher: der sogenannte Bestätigungsfehler oder auch Confirmation Bias. Die Neigung, Informationen zu bevorzugen, die bereits bestehende Überzeugungen oder Stereotype bestätigen. Um unsere Stereotype bestätigen, bewahrheiten und bekräftigen zu können, suchen wir dann gezielt nur die Informationen auf, die genau das »beweisen«, was wir bereits dachten. Beispielsweise werden dann Berichte, in denen »Ausländer« wirklich »kriminell« waren, mit besonderem Interesse verfolgt, während alle anderen Menschen, die in die eigene Kategorie »Ausländer« passen würden, aber nicht kriminell sind, gedanklich ignoriert werden.

Meine Ärztin, die zwar die äußerlichen Merkmale aufweist, um in die Kategorie »Ausländer« zu passen, ist dann eher eine »Ausnahme«, oder etwas an ihr ist anders als bei den anderen Ausländern. Das Ignorieren von Gegenbeweisen oder das Suchen nach Informationen, die die eigene Meinung unterstützen, halten diese gefährlichen Annahmen und Stereotype also nur weiter aufrecht und führen – wie in diesem Beispiel – zu direkter Diskriminierung.

Werden diese und viele weitere Denkfehler nicht identifiziert, die eigenen Gedanken nicht hinterfragt und die Annahmen nur weiter bestätigt, ist die Wahrscheinlichkeit hoch, dass wir uns in den immer starrer werdenden kategorialen Denkmustern verlieren, die diese bittersüße Illusion der Sicherheit bieten. Eine zunächst angenehme Flucht aus der unbequemen Realität, aber dennoch eine furchtbar gefährliche Illusion für uns selbst, unsere Mitmenschen und das soziale Miteinander.

Rumi sprach von einem Raum jenseits der Dualität von Richtig und Falsch, wo wir uns offen für das Unbekannte und die Vielschichtigkeit des Lebens zeigen können. Wenn wir in unseren Denkmustern gefangen sind, neigen wir dazu, die Welt in solche Dualitäten zu unterteilen und uns in einem Zustand starrer Überzeugungen zu verlieren. Doch wenn wir uns dem Raum zwischen Richtig und Falsch öffnen, erkennen wir die Schönheit der Vielfalt und Komplexität des Lebens.

Es ist in diesem Zwischenraum, wo wahre Erkenntnis und Verbindung entstehen können. Indem wir uns erlauben, unsere eigenen Gedanken zu hinterfragen und unsere Annahmen zu prüfen, treten wir in einen Raum der Offenheit und des Verständnisses ein. Hier können wir anderen Menschen auf Augenhöhe begegnen, ohne in starren Denkmustern gefangen zu sein. Es ist ein Ort des Wachstums und des gegenseitigen Respekts, der es uns ermöglicht, authentische Verbindungen zu knüpfen und ein tieferes Verständnis für uns selbst und für andere zu entwickeln.

Kapitel 3

Zwischen Schwarz und Weiß

»Sollen wir sodann noch eine allgemeine Eigenschaft aussprechen, so sind die Farben durchaus als Halblichter, als Halbschatten anzusehen, weshalb sie denn auch, wenn sie zusammengemischt ihre spezifischen Eigenschaften wechselseitig aufheben, ein Schattiges, ein Graues hervorbringen.«

Johann Wolfgang von Goethe
Zur Farbenlehre

Goethes »Halbschatten« erinnert uns daran, dass Farben nicht nur eine vollständige Lichtquelle oder einen vollständigen Schatten darstellen, sondern eher auf einer Zwischenstufe zwischen Licht und Dunkelheit liegen. Sie existieren nicht nur als helle oder dunkle Töne, sondern können eine Reihe von Zwischentönen und Schattierungen annehmen, die je nach Lichtverhältnissen und Kontext variieren. Genau wie unser Verhalten, unser emotionales Erleben und unsere Gedanken, die sich zu Glaubenssätzen, Meinungen und Ideologien formen, aber auch wieder verändert werden können, indem die Halbschatten zugelassen und betrachtet werden können. Wir wenden uns damit ab von der Polarität des Hellen und Dunklen und hin zu allem, was dazwischenliegt: der Grauzone.

»Solange man nicht ein Grau gemalt hat, ist man kein Maler«, sagte Paul Cézannes. »Solange man das Grau nicht gedacht hat, ist man kein Philosoph«, schlussfolgerte Peter Sloterdijk daraus. Indem wir uns auf das »Grau« – also die Zwischenstufe – einlassen, erkennen wir an, dass die Welt nicht immer in einfachen Dichotomien von Richtig und Falsch, Gut und Böse, oder Schwarz und Weiß existiert. Vielmehr besteht die Realität aus einer Vielzahl von Grautönen und Zwischentönen, die unser Leben bereichern können.

Doch gerade für Menschen, die unter psychischen Erkrankungen leiden, findet das Erleben der Welt nicht in den Zwischentönen statt, sondern ist vielmehr in ein strenges Schwarz-Weiß-Raster geteilt, ohne Raum für Zwischentöne oder Nuancen. Für jene, die beispielsweise mit der emotional-instabilen Persönlichkeitsstörung (Borderline) leben, kann diese Dichotomie zu einer unerbittlichen Realität werden.

In einem Leben, das von Extremen geprägt ist, scheinen die Zwischentöne verloren zu gehen, und jede Situation wird in absolute Kategorien von Richtig und Falsch, Gut und Böse, Liebe und Hass aufgeteilt. Die Welt wird zu einem Kaleidoskop von entgegengesetzten Polen, ohne Raum für das Unbekannte dazwischen.

Doch während Schwarz-Weiß-Denken oft eine Quelle von Trost und Sicherheit zu sein scheint, kann es auch eine Falle sein, die uns in einem endlosen Zyklus von Wut und Verzweiflung gefangen hält. Das gilt zum Beispiel für Beziehungen.

Das Gefühl, sich in einer emotionalen Bindung – meist im Kontext von Paarbeziehungen – völlig zu verlieren, kennen sicher einige von uns. Auch fernab von Persönlichkeitsstörungen. Aus dem »Ich« wird scheinbar natürlich, fast schon automatisch, ohne bewussten Prozess ein »Wir«, was sich in unser Leben, unsere Wahrnehmung und unsere Gefühle schleicht. Gerade das Aufgeben des »Ich« ist das, was dieses »Wir« früher oder später für einige Menschen so unerträglich machen kann.

Ich denke hier an eine Patientin, die nach etwa zwei Jahren Beziehung das Gefühl für sich selbst, ihre Wünsche, Bedürfnisse, Grenzen und Gefühle verloren zu haben schien. Sie kannte sich selbst nicht mehr, sie kannte sich nur noch in Kombination mit ihm.

Glücklicherweise ist das nicht in jeder Paarbeziehung der Fall, insbesondere dann nicht, wenn sie bewusster gelebt wird und der oft sehr automatische Prozess durch bewusste Selbst- und Paarreflexion unterbrochen werden kann. Dennoch erfordert eine enge, langfristige Beziehung, so wie sie durch die Mehrheitsgesellschaft aktuell definiert ist, auch ein gewisses Maß an Selbstaufgabe, eine Einbuße von Autonomie und ein ständiges Einpendeln zwischen den jeweiligen Grenzen und Bedürfnissen.

Zumindest ein Teil des »Ich« wird zwangsläufig und oft auch gern hergegeben, damit das »Wir« daraus gebildet werden kann. Denn ich kann keine enge, intime, vertrauensvolle Bindung eingehen und aufrechterhalten, ohne etwas von mir hineinzugeben.

Doch wenn dieser Prozess nicht mit etwas mehr Achtsamkeit und Bewusstsein durchlaufen wird, und ich wage zu behaupten, dass er gerade aufgrund der überschwänglichen Gefühle und einsetzenden Hormone oft eher wenig Beachtung erfährt, dann kann aus der gesunden, gewollten und begrenzten Selbstaufgabe eine unkontrollierte, totale und damit ungesunde Selbstaufgabe werden.

Das kann dann nicht nur zur Folge haben, dass man sich selbst, außerhalb der Paardynamik, nicht mehr wirklich spürt und kennt, sondern, dass man sich auch vollständig emotional abhängig vom Partner oder von der Partnerin macht.

Meine Patientin beispielsweise befand sich in einem Extrem von sehr starker Verlustangst, wenn ihr Partner allein auf Reisen oder mehr als einen Tag nicht verfügbar war. Sie hielt dieses Gefühl, auf sich allein gestellt zu sein und ohne ihn zu sein, sehr schlecht aus, was wiederum ein anderes Extrem hervorrief: Sie flüchtete sich dann in die totale Distanz und Unabhängigkeit. Wenn sie befürchten musste, dass er nicht wiederkam (selbst wenn es dafür keine Anhaltspunkte gab, und die gab es auch nicht), dann bewältigte sie diese kaum aushaltbare Angst über den gegenüberliegenden Pol der völligen Loslösung.

Sie kannte dieses Verhalten in einer Beziehung nicht von sich – auch nicht aus früheren Beziehungen – und wunderte sich sehr über ihr Verhalten. Ihr war bewusst, dass dieses Auf und Ab für eine gesunde und funktionale Beziehung sehr ungesund war, und die Beziehung litt bereits darunter.

Von einem ins andere Extrem zu verfallen, kann aber auch einem Denkfehler entspringen, den wir alle sicherlich auch von uns selbst kennen – wenn auch aus anderen Situationen. Dieses Aufteilen von komplexen Sachverhalten in mindestens zwei gegensätzliche oder widersprüchliche Pole. Entweder er bleibt immer bei mir, oder er kommt nie wieder. *Entweder er liebt mich bedingungslos, oder er verlässt mich bei nächster Gelegenheit für eine andere.*

Dichotomes Denken

Für diese Entweder-oder-Denkweise hat die Psychologie natürlich auch einen Begriff parat: das dichotome Denken. Dies ist ein gefährlicher Denkfehler, der insbesondere im Rahmen von psychischen Erkrankungen vorkommen kann – zum Beispiel bei Depressionen oder der Borderline-Persönlichkeitsstörung. Aber auch psychisch gesunde Menschen und alle zwischen Gesundheit und Krankheit können diesem Denkfehler unterliegen. Keiner von uns ist von Haus aus davor geschützt.

Beim dichotomen Denken werden die komplexen Ideen oder Situationen also immer nur auf zwei gegensätzliche und oft extreme Kategorien reduziert. Es handelt sich um eine Form des Schwarz-Weiß-Denkens, bei dem Zwischentöne oder Nuancen ignoriert oder übersehen werden. In dieser Denkweise neigen wir dazu, die Welt in »Entweder-oder«-Begriffe zu unterteilen, ohne Raum für Zwischenschritte oder Graustufen. Etwas ist also entweder schwarz oder weiß. Richtig oder falsch. Gut oder böse. Liebe oder Hass. Alles, was dazwischenliegt, wird ignoriert oder nicht akzeptiert. So wie meine Patientin, die ignorierte, dass ihr Partner – auch wenn er nicht vor Ort sein konnte – sich regelmäßig meldete, in Verbindung blieb und ihr sagte, dass er sie liebt. Doch das hatte keinen Platz in den beiden starren Kategorien. Entweder er geht oder er bleibt. Entweder er liebt oder er betrügt.

Paradoxerweise gibt ihr gerade diese Einteilung in zwei feste Kategorien die Sicherheit zurück, die sie vermisst. Sie kann sich also entweder seiner Liebe völlig sicher sein (wenn er da ist), oder sie löst sich vollständig von ihm und vermeidet jegliche Verbindung, um das Risiko, verletzt zu werden, nicht ertragen zu müssen. Alles dazwischen aushalten zu müssen, die Ungewissheit darüber, welche der beiden absoluten Wahrheiten zutrifft, und das ständige Abwägen zwischen Schwarz und Weiß ist zu kräftezehrend und nicht aushaltbar.

Während die beiden Kategorien aber jeweils die fehlende Sicherheit bieten. In beiden weiß sie, woran sie ist und wie sie sich zu verhalten hat. Sie geben ihr die Kontrolle über die Situation und vor allem die Kontrolle über ihre starken und kaum aushaltbaren Gefühle zurück. Und das ist zugleich der Vor- und Nachteil dieses Denkfehlers. Er gibt ein Gefühl der Kontrolle, welches uns dann in der Illusion der Sicherheit wiegt. Lieber eine illusionäre Sicherheit als eine unbequeme Wahrheit.

Dichotomes Denken ist damit der natürliche Feind der Ambiguitätstoleranz. Denn es lässt keine Ambiguität – also keine Mehrdeutigkeit, Unklarheit oder Ungewissheit zu. Aus gutem Grund. Es möchte die illusionäre Sicherheit schaffen, während die Ambiguität natürlicherweise Ungewissheit auslöst.

Ein gutes Beispiel für Dichotomie in unserem Denken und folglich in unserem Ausdruck habe ich vor Kurzem in einer Instagram-Story – bezüglich irgendeines aktuellen Missstands auf der Welt – gesehen: »Wer zu diesem Thema schweigt, darf nie wieder das Wort Menschenrechte in den Mund nehmen!«, mahnten die weißen Buchstaben vor dem düsteren Hintergrund. Noch mehr Schwarz-Weiß. Noch mehr Entweder-oder. Noch mehr Extreme. Und 6935 Personen gefällt das.

Dieser Satz erfüllt alle Merkmale des dichotomen Denkens: Absolutheit, Simplifizierung, Mangel an Flexibilität, Schwarz-Weiß-Denken und Polarisierung. Und genau diese Merkmale beschreiben die individuellen und kollektiven Gefahren dieses Denkens. Wenn wir absolut denken, dann bedeutet das, dass wir Dinge als absolut wahr oder absolut falsch, gut oder schlecht etc. betrachten – ohne Raum für Grauzonen und Abstufungen. Auch uns selbst gegenüber nicht. Wir sind dann entweder »perfekte Menschen« oder »Versager«. »Hochintelligent« oder »schwachsinnig«. »Liebenswürdig« oder »abstoßend«. Nichts liegt dazwischen. In der Folge können wir uns selbst Fehler und Makel nicht vergeben, sind übermäßig selbstkritisch und unnachgiebig. Wir lehnen uns selbst ab, weil wir unseren eigenen absoluten Ansprüchen niemals gerecht werden können, und bestrafen uns selbst durch auto-aggressives Verhalten.

Wenn wir simplifizieren, bedeutet das, dass wir eigentlich sehr komplexe Situationen oder Probleme auf einfache Formeln oder klare Kategorien reduzieren, was in der Folge oft zu einer Übergeneralisierung führt. Psychische Erkrankungen erfahren im öffentlichen Diskurs beispielsweise immer wieder diese Zuschreibung, was letztlich zur weiteren Stigmatisierung führt. Menschen mit Depressionen seien einfach nur faul und müssten sich mal mehr zusammenreißen. Oder Menschen mit Angststörungen würden nur Ausreden suchen, um unangenehme Situationen zu vermeiden.

Betrachten wir Situationen in simplen Kategorien, denen wir generalisierte Annahmen zuschreiben, tun wir nicht nur anderen, sondern uns selbst ebenfalls keinen Gefallen damit. Versuchen wir beispielsweise Kontakt zu einer neuen Kollegin aufzubauen, die aber unfreundlich auf uns reagiert, kommen wir mit dieser Art zu denken schnell zu einer falschen, übergeneralisierten Schlussfolgerung: »Sie möchte keinen Kontakt zu mir und mag mich nicht. Niemand mag mich. Ich werde immer allein bleiben müssen.«

Gibt es dann auch noch wenig Raum für Flexibilität oder Anpassung an Veränderungen, da die Denkweise darauf abzielt, klare und unveränderliche Kategorien zu schaffen, lassen wir keine alternativen Erklärungen zu. Im Gegenteil: Wir suchen eher vermeintliche Beweise, die unsere Denkweise weiter bestätigen. »Der Busfahrer hat mich heute auch nicht zurückgegrüßt. Ich sage es ja: Niemand mag mich.«

Über das Schwarz-Weiß-Denken bleiben wir in den beiden Extremen, ohne Grauzonen in Betracht zu ziehen, und die Polarisierung sorgt zusätzlich noch dafür, dass die Gegensätze oder die Verstärkung von Unterschieden zwischen zwei oder mehr entgegengesetzten Positionen weiter zunehmen. Polarisierung tritt also immer dann auf, wenn wir die Extreme betonen und die Mittelpositionen abschwächen oder ignorieren.

Die Mittelpositionen, die Grauzonen, das Dazwischen. Das Aushalten und Tolerieren von allem, was dazwischenliegt. Die Toleranz für die Mehrdeutigkeit. Die Ambiguitätstoleranz. Sie wäre der Weg da raus. Raus aus der gefährlichen Dichotomie, die uns selbst zerstört und unser kollektives Miteinander gefährdet. Doch warum gehen wir diesen Weg nicht, wenn er doch so klar vor uns liegt?

Zum einen, weil er viel mehr Energie erfordert als das schnelle, effiziente und einfache Kategorisieren und Dichotomisieren. Zum anderen, weil die Ambiguitätstoleranz zunächst mehr Probleme schafft, als sie kurzfristig lösen kann. Denn jede Ambiguität, jede Mehrdeutigkeit, Vieldeutigkeit, Unklarheit und Ungewissheit führt zunächst zu Unsicherheit und Sorge. Zu einer Verstärkung von Befürchtungen und Ängsten. Zu einem potenziellen Kontrollverlust.

Wir wissen, was uns in den beiden Extremen erwartet. Es sind klar definierte Positionen, und wir müssen nur eine kurze Entscheidung treffen: A oder B? Rechts oder links? Schwarz oder weiß? Danach ist klar, was zu tun ist. Was die Haltung ist und welche Einstellungen hier vertreten werden. Es ist damit klar, wie ich zu handeln habe, was ich zu denken habe und welche Meinungen ich vertreten werde.

In der Ambiguität hingegen – also im Dazwischen – wissen wir nicht, was uns erwarten wird. Wir kennen die Vielzahl an Optionen und Möglichkeiten, an Meinungen und Haltungen, an Differenzierungen und Perspektiven nicht genau. Das macht es schwierig, eine klare Haltung zu finden und sich einer Gruppe oder einer Positionierung anzuschließen. Die Ambiguität allerdings fordert – sofern wir sie aushalten und ihr nicht sofort durch Dichotomien entweichen –, dass wir für uns selbst denken, Verantwortung übernehmen und uns nicht hinter vorgefertigten Schlussfolgerungen verstecken. Dass wir dazulernen und uns weiterentwickeln. Dass wir überlegte und weise Haltungen entwickeln, allein dadurch, dass wir die anderen Positionen kennen und uns zumindest gedanklich auf sie einlassen können. Nicht um gegen sie argumentieren zu können, sondern um den Prozess nachvollziehen zu können, wie andere Menschen zu dieser Position gelangt sind.

Ambiguität kann uns die Möglichkeit bieten, unserer Position treu zu bleiben, ohne andere Haltungen abwehren oder abwerten zu müssen. Das ist eine Dimension von Selbstsicherheit, die erworben werden muss. Doch dafür muss zunächst die Ungewissheit ausgehalten werden.

Doch die ausgelöste Unsicherheit und der Kontrollverlust kosten schon genug Energie und Ressourcen. Die müssen wir uns leisten können, und das können wir nicht immer. Vielleicht weil wir gerade mit genug anderen Problemen zu kämpfen haben. Vielleicht weil wir reflexives Denken und kognitive Flexibilität nie wirklich erlernt haben. Vielleicht auch, weil wir es lieber schnell und einfach haben wollen, statt komplex und aufwendig.

Und dennoch werden wir mit immer komplexeren Themen, Weltlagen und Situationen konfrontiert, die mit Simplifizierungen nicht zu lösen sind – auch wenn wir oft gerne daran festhalten. Die Coronakrise, die Impfdiskussionen, Querdenker und Verschwörungstheorien. Klimakrise und Terrorismus. Kriege und Hungersnöte. Parallel dazu werden wir täglich mit Werbung für Luxusgüter oder Wohlfühlartikel beschallt. *Kümmere dich gut um dich selbst und gönn dir mal was. Erneute schwere Überflutungen durch Klimakrise. Jeder trägt gerade diese Must-haves! Der Krieg in Nahost könnte für uns alle gefährlich werden. Mit dieser Dekoration machst du deine Wohnung gemütlicher. In Jemen hält die Hungersnot an. Nutze jetzt unseren schnellen Lieferservice und bestelle dir dein Essen gratis nach Hause.*

Darf ich mein Essen genießen, wenn parallel Kinder verhungern?
Darf ich in den Urlaub fliegen, wenn es dem Klima schadet?
Darf ich es mir gemütlich machen, während andere draußen in der Kälte erfrieren?
Darf ich leben, wenn andere sterben müssen?

Solche Fragen sind nicht selten in Zeiten, die geprägt davon sind, dass so viele unterschiedliche Lebensrealitäten parallel existieren. Das war auf der Welt zwar schon immer so, aber jetzt bekommen wir dank der sekündlichen Updates auf digitalen Plattformen so gut wie alles auf der ganzen Welt mit. Wie halten wir das aus?

So berechtigt diese Fragen zu sein scheinen, sind sie doch wieder nur ein Resultat dichotomen Denkens. Wieder werden nur Extreme gegeneinander abgewogen. Als sei die Welt einteilbar in Völlerei und Hungersnot, in vollkommenen Frieden und Harmonie auf der einen Seite und Zerstörung und Krieg auf der anderen Seite. Als gäbe es nur Leben oder Tod. Und nichts dazwischen.

Natürlich gibt es zahlreiche Ungerechtigkeiten, Diskriminierung, Sexismus, Rassismus, Gewalt, Krieg und Elend auf der Welt. Aber Probleme, die unter anderem gerade durch Dichotomie, Dualismus und Kategorisierung entstanden sind, können nicht auf dieselbe Art gelöst werden.

Ich muss dabei an meine Eltern denken, die zwar in der Türkei geboren worden sind, aber seit ihrer Jugend in Deutschland leben. Sie sind die Nachkommen der Gastarbeiter-Generation und lebten ein tief gespaltenes Leben mit zwei Identitäten – viel stärker noch als wir Kinder der nächsten Generation, die in Deutschland geboren und aufgewachsen sind und die deutsche Identität als selbstverständlich ansehen.

Wenn wir die Sommerferien in der Türkei bei unseren Verwandten verbrachten, was in der Kindheit noch häufiger vorkam, über die Jahre aber immer seltener wurde, bis irgendwann keiner von uns mehr Interesse hatte, dort hinzureisen, regten sie sich oft über das Selbstverständnis ihrer Verwandten auf. Denn diese forderten unablässig Geldgeschenke oder andere teure materielle Güter, die wir uns selbst nicht leisten konnten. »Die glauben echt, wir pflücken in Deutschland das Geld vom Baum!«, sagten meine Eltern dann immer.

Die Verwandten in der Türkei hatten von Deutschland ein bestimmtes Bild im Kopf, was sich selbst mit überzeugenden Fakten nicht zurechtrücken ließ. Als gäbe es in Deutschland keine Armut. Wenn meine Eltern ihnen die gewünschten Geschenke nicht machen konnten, dann waren sie einfach »zu geizig«. Wenn meine Eltern beklagten, dass sie selbst finanzielle Probleme hatten, dann »logen sie«. Es gab in ihrer Realität kein Dazwischen. Wenn man in Deutschland lebt, ist man reich. Wenn man – so wie sie – nicht die Chance hatte, nach Deutschland zu emigrieren, dann war man arm und hatte auch keine Möglichkeit, diesen Zustand jemals zu ändern. Dass sie selbst gar nicht arm waren und es ihnen den Umständen entsprechend sowohl finanziell als auch gesundheitlich sehr gut ging, beachteten sie dabei nicht.

Wer sich bei dieser Erzählung nun arme Leute aus einem kleinen, ärmlichen, abgelegenen Dorf in der Türkei vorstellt, der irrt. Ich fragte mich lange, wie meine Verwandten zu diesem dichotomen Denken kamen und warum es sich absolut nicht zurechtrücken ließ, selbst mit zig Gegenbeweisen. In diesem Fall war es vermutlich – und leider ist das oft der Grund – die Einfachheit und die Sicherheit, die damit einhergeht. Wenn ich komplexe Sachverhalte oder Lebensrealitäten in starre Kategorien einteile, ohne Berücksichtigung von Überschneidungen und Vielfalt, dann verleiht das automatisch auch meinem komplexen Leben eine dankbare Einfachheit.

»Wenn ich nicht in Deutschland lebe, habe ich auch nicht die Möglichkeit, mehr aus meinem Leben zu machen und mich weiterzuentwickeln.« Denn sie waren ja offensichtlich unzufrieden mit ihrem eigenen Leben und haben sich mehr davon erwünscht oder erhofft, doch anstatt die Möglichkeiten, die sie hatten, zu nutzen, projizierten sie ihren Unmut nach außen und erhofften sich dadurch einen Ausweg aus ihrer subjektiven Misere.

Projektion

Was mich direkt zum nächsten psychologischen Konzept bringt, was unbedingt in diesem Zusammenhang Beachtung finden sollte: Projektion ist ein innerpsychischer Prozess, bei dem eine Person ihre eigenen unerwünschten Gedanken, Emotionen oder Eigenschaften auf andere projiziert beziehungsweise überträgt. Es handelt sich um einen Abwehrmechanismus, bei dem individuelle innere Konflikte oder unangenehme Gefühle auf andere Menschen oder externe Situationen übertragen werden, um sie so aus dem eigenen Bewusstsein zu verdrängen.

Die Verwandten in der Türkei beispielsweise hatten scheinbar das Bedürfnis nach Fürsorge und wollten die Verantwortung für ihre Unzufriedenheit abgeben können. Da kamen meine Eltern, die diese Projektionsfläche allein dadurch boten, dass sie das Privileg hatten, in Deutschland zu leben, gerade recht. Die Unzufriedenheit konnte auf sie projiziert werden, und es konnte eine Fürsorge beansprucht werden, die sie sich selbst nicht geben konnten oder wollten. Sie dachten dabei in vorgefertigten Kategorien und ließen keine Zwischenwahrheiten zu.

Dichotomes Denken, niedrige Ambiguitätstoleranz und Projektion sind das Rezept für eine perfekte Tragödie. Denn damit habe ich alle Zutaten, die es braucht, um so lange und nachhaltig wie möglich unzufrieden mit mir selbst, mit anderen Menschen und meinem Leben zu sein. Erstens vereinfache ich alles und verpacke es in feste Kategorien, unabhängig davon, wie komplex ein Sachverhalt auch sein mag. Zweitens lasse ich keine Zwischentöne zu und konfrontiere mich damit auch nicht mit meiner Unsicherheit, sodass ich diese auch nicht lösen kann, und drittens übernehme ich keine Verantwortung dafür, sondern übertrage diese einfach auf andere Menschen in meinem Umfeld.

So entstehen dann Überzeugungen wie »Mein Partner ist schuld, dass ich eine unglückliche Beziehung führe« oder »Meine Eltern und die frühe Bindungserfahrung mit ihnen sind schuld, dass ich mich auf Bindungen einlasse, die mir nicht guttun«. Das sind Sätze, die ich wirklich schon oft so oder so ähnlich gehört habe, und das Tückische an ihnen ist, dass sie nicht ganz falsch sind, genauso wie sie auch nicht ganz richtig sind. Sie sind Halbwahrheiten.

Denn natürlich stimmt es, dass die frühen Bindungserfahrungen mit beispielsweise unseren Eltern einen Einfluss darauf haben können, wie wir im Erwachsenenalter Beziehungen gestalten. Doch es stimmt auch, dass wir im Erwachsenenalter die Verantwortung für unsere Beziehungen und uns selbst tragen und aktiv daran arbeiten müssen, wenn wir etwas verändern wollen. Die Verantwortung ewig bei unseren Eltern zu belassen, scheint kurzfristig zwar Erleichterung zu bieten und definitiv die komfortablere Lösung zu sein, doch sie lässt uns auch nicht weiterkommen, da wir Verantwortung brauchen, um selbst ins Handeln zu kommen. Sehe ich die Verantwortung aber bei anderen, dann besteht auch kein Handlungsdrang für mich. Eher ein Warten und Hoffen, dass die Person, der ich die Verantwortung zuschreibe, endlich aktiv wird und mich aus meinem ohnmächtigen Elend befreit.

Und natürlich kann es wahr sein, dass der Partner sich nicht immer so verhält, wie man es sich in einer Beziehung wünschen würde, was uns unglücklich machen kann, doch daneben steht auch wieder die weitere Wahrheit: Wir sind für unser Glück selbst verantwortlich. Das bedeutet auch, dass wir keinen anderen Menschen als Projektionsfläche missbrauchen sollten, um unseren eigenen Frust an ihr oder ihm auszulassen und es dann »Partnerschaft« zu nennen. Und wir sollten uns selbst auch nicht missbrauchen, indem wir uns in eine Position bringen, in der wir auf die Rettung und Erlösung warten müssen, obwohl wir sie selbst sein könnten.

Denkfehler und Projektionen – beide Konzepte können also dazu führen, dass die Realität verzerrt wahrgenommen wird, da sie auf subjektiven Emotionen und vereinfachten Sichtweisen beruhen. Sie verändern also, wie wir Situationen, uns selbst und andere Menschen wahrnehmen, und haben damit natürlich einen erheblichen Einfluss auf unser psychisches Wohlbefinden und unsere Beziehungs- und Lebensqualität. Gepaart mit niedriger Ambiguitätstoleranz ist das Rezept für die Anleitung zum unglücklichen Leben vollständig.

Doch gerade an dieser Stelle können wir schrauben. An der Ambiguitätstoleranz. Wenn wir uns darin üben, gedanklich und in der Folge praktisch zuzulassen, dass es mehr als eine Wahrheit gibt, dass Situationen komplex und mehrdeutig sein können und dass die Ungewissheit, die damit ausgelöst wird, keine Gefahr ist, sondern sogar als Beruhigung wahrgenommen werden könnte, dann wären wir viel weniger anfällig für Denkfehler und Projektionen. Damit wären wir viel weniger anfällig für Missverständnisse, sich immer wiederholende belastende Beziehungsdynamiken und negative Denkmuster. Denn dann würden wir eine Fähigkeit trainieren, die uns sehr zugutekommen würde: die kognitive Flexibilität.

In einer Welt, die oft von Dichotomien und Schwarz-Weiß-Denken geprägt ist, erinnert uns die Metapher Goethes – der »Halbschatten« – daran, dass die Realität oft komplexer ist, als sie auf den ersten Blick erscheinen mag. So wie Farben nicht einfach nur hell oder dunkel sind, sind auch Beziehungen nicht nur gut oder schlecht, richtig oder falsch. Die Grauzonen unserer Beziehungen sind genauso wichtig wie die klaren Konturen, denn sie repräsentieren die Vielschichtigkeit und Nuancen unserer menschlichen Erfahrungen.

Indem wir uns auf die Ambiguitätstoleranz einlassen und die Grauzonen unserer Beziehungen anerkennen, können wir eine tiefere Verbindung aufbauen und uns gegenseitig besser verstehen. Wir lernen, Raum für Zwischentöne zu schaffen und die Komplexität unserer Partner und Partnerinnen sowie unserer eigenen Gefühle anzuerkennen. Dies schafft nicht nur eine gesündere und erfülltere Beziehung, sondern ermöglicht auch persönliches Wachstum und ein Gefühl innerer Sicherheit, das uns dann bestenfalls nicht so leicht von ungewissen Zuständen im Außen genommen werden kann.

In einer Welt, die oft nach klaren Antworten und festen Überzeugungen verlangt, kann die Fähigkeit, Zwischentöne zu akzeptieren, eine wertvolle Quelle der Resilienz und des Verständnisses sein. Indem wir uns auf alles, was dazwischenliegt, einlassen, öffnen wir uns für die Schönheit und Komplexität menschlicher Beziehungen und können eine tiefere Ebene der Verbundenheit und Empathie erreichen.

Kapitel 4

Zwischen Meinungen

In hitzigen Diskussionen oder Streitgesprächen fällt er oft wie ein unerschütterliches Mantra: »Das ist halt meine Meinung, und dabei bleibe ich auch!« Dieser Satz, so banal er klingen mag, verbirgt oft eine tiefere Ebene – eine Ebene der Angst. Es ist die Furcht davor, dass einem die Meinung abgesprochen oder gar genommen werden könnte. Ein Bekenntnis, das betont, dass man auf jeden Fall bei seiner Meinung bleiben werde, ganz gleich, was passiert.

Doch warum diese Betonung? Warum fürchten wir uns so davor, unsere Meinung zu ändern? Vielleicht, weil wir eine Veränderung als Schwäche betrachten, oder aus der Sorge heraus, falschzuliegen und für diesen Fehler bestraft oder beschämt zu werden? Niemand möchte auf der falschen Seite stehen, das ist verständlich. Doch wäre es nicht vielleicht angemessener, eine tiefere Suche nach der Wahrheit anzustreben, um diese Sorge zu überwinden?

Eine solche Suche wäre zweifellos anstrengender und würde zunächst noch mehr Verunsicherung mit sich bringen. Die Einteilung in Richtig und Falsch hingegen scheint die Dinge schnell und einfach zu klären. So haben wir zumindest eine 50:50-Chance, richtigzuliegen. Das Problem ist nur, dass wir dadurch vermehrt schnelle und einfache Meinungen produzieren, statt authentische Haltungen zu entwickeln.

In unserer heutigen Zeit hat jeder zu jedem möglichen, noch so komplexen Thema eine Meinung. Doch leider fehlt oft das tiefere Verständnis, das für eine wirkliche Haltung erforderlich wäre. Diese oberflächlichen Meinungen führen nicht selten zu Konflikten und Missverständnissen, da sie von Emotionen, Vorurteilen oder unvollständigen Informationen geprägt sind.

Die Angst davor, die eigene Meinung zu ändern, mag auch mit dem Bedürfnis nach Kontrolle und Sicherheit zusammenhängen. Indem wir uns an unsere Meinung klammern und betonen, dass wir dabei bleiben werden, versuchen wir, einen gewissen Grad an

Stabilität und Selbstsicherheit zu bewahren. Doch die Fähigkeit, seine Meinung zu überdenken und gegebenenfalls zu ändern, ist ein Zeichen von Reife und geistiger sowie kognitiver Flexibilität. Es erfordert Mut, sich neuen Informationen und Perspektiven zu öffnen, auch wenn es bedeutet, dass man sich eingestehen muss, dass man falschlag oder sich geirrt hat. Eine echte Haltung entwickelt sich aus diesem ständigen Prozess der Reflexion und Anpassung und kann tiefergehende Einsichten und Verbindungen zu anderen Menschen ermöglichen.

Letztendlich sollten wir uns nicht vor der Veränderung unserer Meinung fürchten, sondern offen sein für neue Ideen, Perspektiven und Erfahrungen. Indem wir unsere Meinung nicht als unantastbar betrachten, sondern als etwas, was sich im Fluss der Zeit entwickeln kann, öffnen wir uns für persönliches Wachstum und die Möglichkeit, unsere Sichtweise auf die Welt zu erweitern. Das können wir zum Beispiel dadurch, dass wir kognitive Flexibilität erwerben. Denn wir müssen auch kognitiv in der Lage sein, uns auf andere Standpunkte einzulassen.

Kognitive Flexibilität

Kognitive Flexibilität ist die Fähigkeit des Gehirns, sich an neue Situationen anzupassen, sich auf wechselnde Aufgaben oder Denkweisen umzustellen und unterschiedliche Konzepte zu integrieren. Es ist ein Schlüsselfaktor in der kognitiven Verarbeitung und spielt eine Rolle in verschiedenen Aspekten der mentalen Leistungsfähigkeit. Kognitive Flexibilität erfordert eine hohe Ambiguitätstoleranz, und eine hohe Ambiguitätstoleranz erfordert kognitive Flexibilität. Wir können das eine nicht ohne das andere denken, und wenn wir das eine trainieren, dann stärken wir zwangsläufig auch das andere.

Was für eine wunderschöne, mühelose Wechselwirkung mit doppeltem Gewinn. Und zeitgleich auch ein tragischer Verlust, wenn eines der beiden fehlt.

In einem Improvisationstheater beispielsweise stehen die Schauspieler und Schauspielerinnen auf der Bühne, ohne ein vorgegebenes Skript oder eine genaue Handlung zu haben. Ihre Aufgabe ist es, spontan auf Vorschläge des Publikums zu reagieren und Szenen zu improvisieren. Das Publikum kann auch mit ins Spiel einbezogen werden, weswegen einige Menschen das Improvisationstheater eher meiden. Sie möchten die Sicherheit des Beobachters haben und nicht Gefahr laufen, spontan »mitspielen« zu müssen oder den Lauf des Theaterstücks durch spontane Einfälle zu beeinflussen. Sie wollen lieber die Kontrolle und Sicherheit des vorgefertigten Skripts und auswendig gelernter Texte, die theatralisch vorgetragen werden.

Während des Spiels zeigen die Schauspielerinnen und Schauspieler – aber auch zum Teil das Publikum – eine bemerkenswert hohe kognitive Flexibilität: Ständig wechseln sie zwischen verschiedenen Charakteren, Emotionen und Handlungslinien, je nachdem, wie die Geschichte sich entwickelt. Sie müssen sich schnell an neue Situationen anpassen, auf die Ideen ihrer Mitspieler eingehen und flexibel auf unvorhergesehene Ereignisse reagieren.

Dazu müssen sie in der Lage sein, sich auf neue Situationen einzustellen und ihre Handlungen und Dialoge entsprechend anzupassen. Sie müssen offen für die Ideen ihrer Mitspieler sein und bereit sein, ihre eigene Vorstellung von der Handlung zugunsten des Gesamtwerks zu ändern.

Kognitive Flexibilität ist daher entscheidend für den Erfolg des Improvisationstheaters. Sie ermöglicht es allen Beteiligten, sich auf die Dynamik der Situation einzulassen, kreative Lösungen zu finden und ein fesselndes und unterhaltsames Theatererlebnis für das

Publikum zu schaffen. In dieser unvorhersehbaren und herausfordernden Umgebung zeigt sich, wie wertvoll die Fähigkeit ist, sich an neue Situationen anzupassen und flexibel zu denken.

Es zeigt aber auch, wie ein Miteinander außerhalb des Theaters aussehen könnte, wenn wir diese gedankliche Flexibilität und das damit verbundene Einlassen auf andere Denkmuster gezielt anwenden würden.

- Kann ich gut zwischen verschiedenen Aufgaben, Denkmustern oder Positionen wechseln, ohne dabei die Effizienz oder Genauigkeit zu verlieren?
- Kann ich mich schnell an neue Informationen oder Anforderungen anpassen, indem ich mein bereits vorhandenes Wissen umstrukturiere oder erweitere?
- Habe ich die Bereitschaft und die Fähigkeit, innovative und kreative Lösungen für Probleme zu entwickeln, indem ich verschiedene Perspektiven in Betracht ziehe und nicht auf meiner ursprünglichen Meinung beharre?
- Wenn ich merke, dass sich eine Herausforderung nicht durch meine bisherigen Bewältigungsstrategien meistern lässt, kann ich dann weitere Problemlösestrategien in Betracht ziehen und diese flexibel anwenden?
- Habe ich die Fähigkeit, zwischen verschiedenen Blickwinkeln oder Herangehensweisen an eine Situation zu wechseln? Oder fällt mir das schwer?
- Kann ich mich an Veränderungen in der Umgebung oder den Anforderungen, ohne dass es zu starken Einschränkungen kommt, anpassen?

Es macht Sinn, sich diese Fragen zu stellen, und das nicht nur einmalig beim Lesen dieses Buches, sondern langfristig immer wieder in unterschiedlichen Situationen und Lebensphasen. Denn kognitive Flexibilität ist entscheidend für die Anpassungsfähigkeit des Gehirns in einer sich ständig verändernden Umwelt.

In der schnelllebigen Umwelt, in der wir uns befinden, ist das eine entscheidende Fähigkeit, die viel zu wenig Aufmerksamkeit bekommt. Stattdessen verlieren wir uns weiter in bequemen Auswegen wie übermäßiger Selbstfürsorge als Allheilmittel. Natürlich ist es wichtig, sich gut um sich selbst und sein körperliches und psychisches Wohlbefinden zu kümmern. Aber echte Selbstfürsorge beinhaltet eben nicht nur Wohlfühlprogramme, die schnell den Stress abbauen sollen, sondern auch die ehrliche Auseinandersetzung mit sich selbst. Die authentische Konfrontation mit den individuellen Eigenarten und Denkweisen. Nicht um zu kritisieren, zwangsläufig zu verändern oder sich selbst abzulehnen. Sondern um sich kennenzulernen und sich in der Folge bewusster zu werden. Sich selbst bewusst sein.

Das propagierte Selbstbewusstsein, das scheinbar alle anstreben, besteht nicht nur darin, eine aufrechte Haltung zu haben und die eigene Meinung sagen zu können. Das sind nur die Folgen eines gesunden Selbstbewusstseins. Ein gesundes Selbstbewusstsein bedeutet, sich zu kennen. Sich seiner selbst bewusst zu sein – mit allen schönen und hässlichen Seiten. Das bedeutet auch, zu wissen, dass man noch nicht alles über sich selbst weiß und sich daher immer wieder selbst überraschen wird. Und es bedeutet, Informationen über sich selbst flexibel betrachten zu können, statt sie in Bewertungen einordnen zu müssen und sich dann selbst zu feiern oder selbst ablehnen zu müssen.

Die kognitive Flexibilität spielt dabei eine wichtige Rolle. Vor allem auch im kreativen Denken, bei effektiver Problemlösung und der Bewältigung von Herausforderungen. Menschen mit hoher kognitiver Flexibilität können besser mit komplexen, unsicheren oder dynamischen Situationen umgehen, was es ihnen viel leichter macht, eine hohe Ambiguitätstoleranz an den Tag zu legen. Die Entwicklung hoher kognitiver Flexibilität ist ein Prozess, der Zeit, Engagement und ein bewusstes Auseinandersetzen mit sich selbst und den eigenen Gefühlen und Gedanken erfordert.

Ein gezieltes Überprüfen und Hinterfragen der eigenen Denkmuster, insbesondere der Glaubenssätze, legt einen guten Grundstein, um einerseits nicht dem kategorialen Denken zu verfallen und andererseits sich nicht in Projektionen zu verlieren. Denn wenn ich mich selbst gut kenne, weiß ich, was von der Realität, die ich kreiere, wirklich meins ist und was zu meinem Gegenüber gehört. Ich kann dann bewusst die Verantwortung für alles, was meins ist, übernehmen und den Rest beim Gegenüber lassen.

Ein weiterer wichtiger Baustein für kognitive Flexibilität ist der Ausbau des Wissens – in dem Maße, wie Zugang und Möglichkeit dazu besteht. Je vielseitiger mein Wissen ist und je mehr ich über spezifische Themen weiß, umso besser kann ich unterschiedliche Perspektiven und Denkweisen verstehen. Das heißt auch, dass ich mich ganz gezielt und bewusst mit Vielfalt konfrontieren muss, was zum Beispiel bedeuten kann, dass ich mit Menschen unterschiedlicher Hintergründe, Kulturen und Meinungen interagiere, um meine Perspektive zu erweitern.

Aber auch die Methoden, wie ich an Wissen komme – also die Lernmethoden –, sollten idealerweise variieren, damit mein Gehirn immer wieder gezwungen ist, sich anzupassen. Das wiederum fördert auch kreatives Denken, was der kognitiven Flexibilität sehr zugutekommt.

Fragezeichen statt Ausrufezeichen

Die meiner Meinung nach wichtigste Methode, die kognitive Flexibilität und damit auch die Ambiguitätstoleranz zu trainieren, ist, auf die Meinungen, Überzeugungen, Annahmen und Standpunkte zu achten, bei denen wir instinktiv ein Ausrufezeichen setzen. Und dann mal auszuprobieren, was passiert, wenn wir uns trauen, aus dem Ausrufezeichen ein Fragezeichen zu machen.

Ein Beispiel: Nachdem im Januar 2024 erneut Missbrauchsfälle – diesmal seitens der evangelischen Kirche – publik wurden beziehungsweise endlich anerkannt worden sind, gab es zahlreiche Wortmeldungen und Kommentare unter den jeweiligen Beiträgen im Netz. Ganz vorne mit dabei war dieser oder ähnliche:

- »Pädophile sind krank und gehören weggesperrt!«

Versuchen wir uns einmal anhand dieses Kommentars eines fiktiven Gegenübers an dem Austausch von Ausrufezeichen zu Fragezeichen.

- »Pädophile sind krank und gehören weggesperrt? Warum?«
- »Weil sie krank sind!«

Und hier haben wir schon das erste Problem. Wir befinden uns in der tautologischen Falle.

Das bedeutet, dass eine Aussage oder Argumentation zirkulär oder redundant ist und die Aussage so formuliert ist, dass sie sich selbst bestätigt, ohne eine zusätzliche Begründung oder Informationen zu liefern. Normalerweise würde es ab diesem Punkt keinen Sinn mehr machen, weiter zu diskutieren. Aber da wir uns an dieser Stelle selbst herausfordern und eine gesunde Streitkultur etablieren wollen, erkennen wir die tautologische Falle und versuchen, die Diskussion aus ihr zu befreien.

- »Sollten also alle kranken Menschen weggesperrt werden?«
- »Nein, nur die Pädophilen!«
- »Warum ausgerechnet die?«
- »Weil sie krank sind und Kinder missbrauchen!«

Erneut die Wiederholung der Information, die bereits im Eingangsargument zu finden war. Aber hier kommt wenigstens noch eine neue Information dazu: »weil sie Kinder missbrauchen«. Darauf könnte man inhaltlich eingehen und mit Fakten kontern: Pädophilie ist eine sogenannte »Paraphilie« oder »sexuelle Präferenzstörung« – auch wenn das Wort irreführend ist, denn »Präferenz« klingt, als könnte man sich das aussuchen, was man präferiert, dem ist aber nicht so. Nicht alle Pädophilen werden zu Tätern, und nicht alle Täter sind zwangsläufig pädophil.

Mir ist bewusst, dass es nicht immer für alle möglich ist, sich auf diesen Wissensstand zu bringen und ihn bei emotional so stark aktivierenden Themen anzuwenden, doch oft genügt es schon, wachsamer zu werden bei absoluten Aussagen, die beispielsweise Worte wie »immer« und »alle« enthalten. Uns in einem ruhigen Moment dahin gehend zu reflektieren und das typische Verhaltensmuster von »bewerten und urteilen« zu »nachfragen« zu wechseln, ist an gerade diesen heiklen Stellen ein wertvoller Schritt.

Bezogen auf den Missbrauchsskandal der Kirche heißt das: Nicht alle Menschen, die Kinder sexuell missbrauchen, sind pädophil. Sie tun das nicht immer, weil sie Kinder sexuell »präferieren«, sondern weil Kinder (leider) so leichte Opfer sind und auf allen Ebenen unterlegen sind. Anstatt also eine ganze Menschengruppe, die unter einer psychischen Störung (Paraphilie) leidet, zu stereotypisieren, wäre es sinnvoller, wenn wir die Machtstrukturen hinterfragen, die diese Art von sexuellen Übergriffen in dieser Anzahl und über so viele Jahre und Jahrzehnte hinweg erst möglich gemacht haben.

Und ja, es gibt pädophile Menschen, die sich ihre Paraphilie nicht wirklich eingestehen und es als natürlich und nach ihrer zurechtgelegten Moral als legal betrachten, »Sex mit Kindern« zu haben. Dazu ist klar zu sagen: Es gibt keinen »Sex mit Kindern«. Es gibt nur sexuellen Missbrauch an Kindern, denn Kinder sind nicht in der Lage, alle Konzepte, die es erfordert, um sexuellen Kontakt mit einem erwachsenen Menschen zu haben, zu greifen und für sich abzuwägen. Sie sind diesen Erwachsenen oder Jugendlichen schutzlos ausgeliefert, und oft besteht hier ein großes Abhängigkeitsverhältnis und ein starkes Machtgefälle. Neben dem Recht an körperlicher Unversehrtheit und der emotionalen Abhängigkeit, die in diesen Fällen missbraucht werden, werden hier auch die Verantwortung und die Macht missbraucht, die Erwachsene gegenüber Kindern haben.

Wenn wir also aus dem Ausrufezeichen ein Fragezeichen machen, bedeutet das nicht automatisch, dass wir unseren Standpunkt vollständig ändern. Wir beziehen nur weitere Standpunkte, Informationen und Realitäten mit ein, die bestenfalls zu einem differenzierteren Bild und einer bewussten Meinungsbildung führen.

»Ich lebe schon so lange damit. Und ich schäme mich so sehr dafür. Seit der frühen Pubertät habe ich das schon gemerkt. Aber damals ist es mir nicht so aufgefallen, weil ich selbst jung war und es normal fand. Ich wusste auch gar nicht, dass es einen Begriff dafür gibt oder dass es eine psychische Störung ist oder so was.« Er hörte plötzlich auf zu reden und blickte zu Boden. Als wäre ihm gerade klar geworden, dass er seine Gedanken wirklich laut aussprach und da jemand saß, der sie hören konnte.

»Es ist in Ordnung. Erzählen Sie ruhig weiter«, sagte ich ruhig und versuchte, mich nicht von der Scham und Unsicherheit, die er zeigte, anstecken zu lassen. Keinesfalls sollte er das Gefühl bekommen, er müsse sich hier dafür schämen.

»Es fällt mir so schwer, allein schon das Wort zu sagen.«

»Pädophilie?«, nahm ich ihm das schwere Wort ab.

»Ja. Pädophilie. Das ist doch krank!«

»Es ist eine Paraphilie. Eine sexuelle Präferenzstörung. Aber ich mag das Wort nicht. Präferenz. Das klingt so, als könnte man sich das aussuchen und hätte sich dafür entschieden.«

Er blickte mich verwundert und erleichtert zugleich an.

»Ja! Genau das! Ich hab's mir verdammt noch mal nicht ausgesucht. Wenn ich könnte, würde ich es sofort abgeben. Sofort ablegen. Einfach normal sein.« Da war sie. Die Verzweiflung.

»Das ist die größte Last, die ich mir vorstellen kann. Seit meiner Pubertät laufe ich mit diesem schrecklichen Geheimnis herum und weiß, dass ich es niemals verraten könnte. Weil ich sofort in eine Schublade gesteckt werden würde. Als krankes pädophiles Arschloch, was sich an Kindern vergeht. Das sind die ersten Gedanken, die Menschen haben, wenn man von Pädophilie spricht. Und ich kann sie verstehen. Auch wenn ich das nicht mache. Niemals würde ich mich an einem Kind vergehen. Auch nicht indirekt. Ich konsumiere keine Bilder oder Videos mit Kindern. Nichts. Ich halte alles fern von mir. Ich will das einfach nicht mehr. Ich will es weghaben.« Die Verzweiflung brach durch. Er weinte.

Ich dachte an die vielen Meinungen und Kommentarspalten, die bei allem, was mit dem Begriff Pädophilie bezeichnet wird, eine schnelle und möglichst grausame Bestrafung der beteiligten Personen fordern. Als Mutter konnte ich die Empörung und auch die ausgelöste Angst sehr gut nachvollziehen. Aber als Mensch, der sich in Ambiguitätstoleranz übt, und vor allem als Psychotherapeutin, die versucht, möglichst objektiv zu sein, waren diese Forderungen erschütternd.

»Wegsperren«, »abschießen«, »foltern« und weitere Grausamkeiten. Was mein Patient sich alles anhören müsste, würde er seine Paraphilie öffentlich machen, wäre unmenschlich und zerstörerisch. Doch es gibt diese Realitäten, diese Zwischenräume, in denen ein Mensch pädophil sein kann und dieser Neigung nicht nachgeht. In denen Menschen selbst unter dieser »Präferenzstörung« leiden und sich nichts sehnlicher wünschen als eine sexuelle Präferenz, die der »Norm« entspricht. Sie begeben sich beschämt und verängstigt sogleich in Therapie, um alles dafür zu tun, kein Täter oder keine Täterin zu werden. Hierfür gibt es speziell eingerichtete Therapieprogramme, beispielsweise von der Berliner Charité das Präventionsprojekt *Kein Täter werden*.

Es wäre unfair und unwahr zugleich, alle Menschen, die unter dieser Störung leiden (oder nicht leiden), über einen Kamm zu scheren. Anhand dieses Beispiels wird aber deutlich, wie schwer es uns fallen kann, Ambiguitätstoleranz für etwas zu zeigen, was inhaltlich so stark von unseren eigenen Werten und Normvorstellungen abweicht. Es ist so einfach, tolerant gegenüber etwas zu sein, was sich gut in unser Weltverständnis einfügen kann oder zumindest danebenstehen kann, ohne unser Verständnis zu bedrohen.

Gratis-Toleranz ist einfach. Da können wir uns mit Toleranz rühmen, ohne eine Anstrengung einbringen zu müssen. Ohne eine Dissonanz auszuhalten und ohne jegliche kognitive Flexibilität erarbeiten zu müssen.

Doch spricht etwas gegen unsere Werte und Normen oder unsere persönlichen Ansichten, dann sind ein gewisser Energieaufwand und die Motivation, sich mit anderen Perspektiven auseinanderzusetzen, notwendig. Selten sind wir bereit, diesen Aufwand zu betreiben, obwohl er so lohnend für das gesellschaftliche Miteinander ist. Wenn wir mehrere Realitäten zulassen würden, dann könnten Menschen wie der Mann aus dem Beispiel sich zeigen und als Positivbeispiel gelten. Als Motivation und Kraftquelle für andere, denen es ähnlich geht und die auch jeden Tag mit dieser Neigung und ihren eigenen Werten kämpfen.

Schwieriger wird es allerdings, wenn der Konflikt Inhalte betrifft, von denen wir in irgendeiner Weise selbst betroffen sind. Als Opfer von Missbrauch ist es selbstverständlich viel schwieriger, Ambiguitätstoleranz aufzubringen, wenn es um die Frage geht, ob alle Pädophile auch automatisch Täter sind oder nicht.

Und auch das ist in Ordnung. Wir müssen nicht für alles und jeden auf dieser Welt Toleranz mitbringen, wenn wir dabei immer wieder viel zu stark über unsere eigenen Grenzen gehen müssen. Es ist nur wichtig, zu wissen und zu erkennen, an welchen Stellen es uns leichtfällt und an welchen nicht. Mit dem Wissen darum können wir den blinden Fleck erkennen, der sich an dieser Stelle befinden könnte, und stärken damit einerseits unsere kognitive Flexibilität und andererseits unsere Ambiguitätstoleranz.

Wir verlassen die Dichotomie und gehen in das Dazwischen. Den Zwischenraum jenseits von Schwarz und Weiß, Richtig oder Falsch und Gut und Böse.

Kapitel 5

Im Zwischenraum

Da sind wir nun, im Zwischenraum. Heißt das jetzt, dass wir uns gar nicht mehr positionieren sollen? Kein Dafür oder Dagegen mehr? Kein Ja oder Nein? Kein Richtig oder Falsch? Existieren diese Kategorien im Grunde gar nicht, und wir leben eigentlich schon in diesem Zwischenraum, in dem alles und nichts möglich beziehungsweise recht ungewiss ist? Welche Spielregeln gelten dann hier? Wie kann eine Gesellschaft in diesem ungewissen Raum existieren, und wonach richtet sie sich? Pädophilie ist also in Ordnung, und die Kirche darf machen, was sie will? Sind alle Gesetze automatisch richtig und gerecht, nur weil sie Gesetze sind? Wenn wir stets tolerant sein sollen, sollten dann auch faschistische Ideologien toleriert werden?

Ambiguitätstoleranz bedeutet nicht, dass es keine Standpunkte, klaren Meinungen und festen Positionen mehr geben soll, denn das wäre nicht nur unrealistisch, sondern auch furchtbar gefährlich. Eine hohe Ambiguitätstoleranz zu besitzen, heißt nicht, dass alles erlaubt ist und uneingeschränkt toleriert werden sollte. Sondern sie bezieht sich darauf, wie gut wir mit Unsicherheit, Mehrdeutigkeit und Widersprüchen umgehen können, ohne dabei massiv verunsichert zu sein. Menschen mit hoher Ambiguitätstoleranz sind daher in der Regel offen für verschiedene Perspektiven und können mit Unsicherheiten in verschiedenen Situationen umgehen. Das bedeutet jedoch nicht, dass sie keine festen Überzeugungen oder Meinungen haben können. Vielmehr können sie in der Lage sein, verschiedene Standpunkte zu verstehen und zu akzeptieren, ohne ihre eigenen Überzeugungen aufzugeben. Sie können trotz – oder gerade dank – hoher Ambiguitätstoleranz klare Überzeugungen und Prinzipien haben, die sie leiten. Denn die Fähigkeit, Ambiguität zu tolerieren, kann sogar dazu beitragen, eine reflektierte und differenzierte Sichtweise zu entwickeln, ohne dabei dogmatisch oder engstirnig zu sein.

Ich kann beispielsweise den Standpunkt vertreten, dass Bilder von Säuglingen und Kindern nicht in den sozialen Medien verbreitet werden sollten – schon gar nicht im kommerziellen Sinne, da es die Persönlichkeitsrechte, die Privat- und Intimsphäre der Kinder verletzen kann. Gleichzeitig kann ich aber auch nachvollziehen, dass viele Menschen das Bedürfnis haben, ihre Kinder und die Erlebnisse als Familie mit der Welt zu teilen und damit auch eine Sichtbarkeit für viele gesellschaftliche Themen zu schaffen (wie zum Beispiel die Aufteilung von Care-Arbeit oder Eltern pflegebedürftiger Kinder). Mit einer hohen Ambiguitätstoleranz kann ich verschiedene Perspektiven und Lebensrealitäten annehmen und diese als genauso gültig akzeptieren wie meine eigenen – und dennoch bei meiner Meinung zu diesem Thema bleiben. Das bedeutet aber nicht, dass ich um die Anerkennung dieser Meinung von allen anderen kämpfen muss oder die Meinung anderer abwerten muss. Es kann parallel existieren, ohne dass ich meine Position um 180 Grad verändern müsste.

Es ist also möglich, eine hohe Ambiguitätstoleranz mit festen Überzeugungen und klaren Meinungen in Einklang zu bringen, solange die Offenheit für verschiedene Perspektiven mit einem stabilen Wertefundament einhergeht. Doch um an diesen Punkt zu gelangen, braucht es ständige Selbstreflexion und das Bewältigen von inneren und äußeren Konflikten. Denn dieser Zwischenraum, in dem Menschen mit hoher Ambiguitätstoleranz gelernt haben zu leben, birgt natürlicherweise innere Konflikte.

Innere Konflikte

Innere Konflikte entstehen dann, wenn widersprüchliche Gedanken, Gefühle oder Motivationen innerhalb einer Person auftreten. Diese Konflikte können auf verschiedenen Ebenen entstehen, zum Beispiel kognitive, emotionale und motivationale Konflikte.

Haben wir beispielsweise unterschiedliche Ziele oder Werte in uns, die miteinander kollidieren, kann dies zu einem inneren Konflikt führen. Viele Eltern werden den klassischen Konflikt zwischen beruflichem Erfolg und Familienplanung kennen. Hier kollidieren oft Wünsche und Bedürfnisse wie »Erfolgsstreben«, »finanzielle Sicherheit« und »Selbstentfaltung« mit »Kinderwunsch«, »emotionale Sicherheit« und »Bindung«. Auch aufgrund struktureller Barrieren werden diese Konflikte »so gut es geht«, aber für die Beteiligten – insbesondere die Eltern – mehr »schlecht als recht« bewältigt. So werden wichtige Termine abgesagt, weil das Kind mal wieder krank ist, oder das Kind wird noch nicht ganz gesund zur Kita gebracht, weil eine Deadline naht. Beide Lösungen kosten enorm viel Energie und bringen oft Gefühle von Schuld und Scham mit sich, die wiederum weitere Ressourcen kosten.

Aber auch unklare oder widersprüchliche Informationen können zu Verwirrung und Unsicherheit führen, was wiederum innere Konflikte auslösen kann. Das beste Beispiel dafür haben hier vermutlich die Coronakrise und die Impfdebatte geliefert, da wir zu der Zeit minütlich mit sehr unterschiedlichen, sich teils widersprechenden Informationen regelrecht überflutet worden sind. Die Kirsche auf der Torte stellte dann noch der gesellschaftliche Druck dar, sich auf der einen oder anderen Seite positionieren zu müssen. Die Unklarheit darüber, welche Entscheidung »die richtige« ist, führte oft zu inneren Spannungen, die durch kurzfristige Bewältigungsversuche zu sich immer weiter verhärtenden Fronten geführt haben.

Aber auch mehrdeutige und unterschiedliche Gefühle, die in uns ausgelöst werden, können zu inneren Konflikten führen. Haben wir beispielsweise gemischte (ambivalente) Gefühle einer Person, einer Situation oder einer Entscheidung gegenüber, kann diese Unsicherheit darüber, wie man sich eigentlich fühlt, zu einem inneren Konflikt beitragen. Viele Menschen hatten Angst vor der Coronaimpfung, während sie aber gleichzeitig ein Gefühl der Erleichterung und Sicherheit empfanden, dass es endlich einen Schutz gegen dieses Virus gab.

Das wiederum führte zu klassischen Entscheidungskonflikten – auch weil hier eine dringende Notwendigkeit bestand, sich zu entscheiden. Auch die sozialen Erwartungen und der gesellschaftliche Druck sorgten für zusätzliche Unsicherheit, die dieses Potpourri an inneren Konflikten nur vergrößerte.

Der Druck, den soziale Erwartungen auf uns ausüben können, führt insbesondere dann zu inneren Konflikten, wenn diese Erwartungen nicht mit dem Selbstkonzept und den eigenen Werten und Überzeugungen übereinstimmen. Die Frage war also auch: Welche Einstellungen habe ich generell gegenüber gesundheitsbezogenen Fragen und Themen? Wie gehe ich mit Gesundheit und Krankheit um? Welche Befürchtungen und welche Sicherheiten habe ich?

Die Menschen, die selbst im Gesundheitsbereich arbeiten und eher wissenschaftsorientiert sind – also auch der Wissenschaft und Forschung vertrauen und sie fördern –, hatten hier die wenigsten inneren Konflikte und Unsicherheiten und waren gefühlt die Ersten, die die Impfung befürworteten. Ganz im Gegensatz zu Menschen, die vor der Coronakrise schon eher wissenschaftskritisch bis wissenschaftsfeindlich eingestellt waren. Diese nutzten die Informationen, um ihre eigene bereits bestehende Meinung weiter zu untermauern, und verhärteten sich in ihrer Position. Beide Gruppen verspürten vermutlich kaum bis wenig innere Konflikte bezüglich der Impfdebatte, da die Einstellungen und Meinungen dazu recht klar waren.

Das sind nun zwei sich gegenüberliegende – voneinander weit entfernte – Pole. Was war aber mit allen anderen Menschen dazwischen? Diejenigen, die grundsätzlich in wissenschaftliche Forschung und Medizin vertrauen, aber viel zu wenig Informationen über Impfungen haben und kein medizinisches Fachwissen besitzen. Die Menschen, die bereits vorerkrankt waren und Angst vor den Nebenwirkungen der Impfung, aber auch vor dem Virus hatten? Die Menschen, die täglich viel Kontakt mit anderen ausgesetzt waren und gleichzeitig ihre eigenen Kinder nicht gefährden wollten? Die Menschen, die zwischen ihrer eigenen Gesundheit und der der Gemeinschaft abwägen mussten? Sie trugen innere Wertkonflikte, gemischte Gefühle, unvereinbare Bedürfnisse und inkonsistente Überzeugungen in sich. Diese Menschen waren aber vor allem zutiefst verunsichert und hatten Angst.

Was passiert, wenn wir derart innere Spannungen und schwere Gefühle aushalten müssen und zeitgleich eine Entscheidung gefordert wird, die nicht nur uns selbst, sondern auch unsere Liebsten und die gesamte Gesellschaft betrifft?

Zunächst *reagieren* wir. Wie genau, das kann ganz unterschiedlich aussehen.

Ein motivationaler Konflikt oder, wie der renommierte Psychologische Psychotherapeut Klaus Grawe es nannte, motivationale Diskordanz tritt immer dann auf, wenn es einen Konflikt oder Widerspruch zwischen verschiedenen Motivationen oder Zielen (und den Bedürfnissen dahinter) gibt. Bei der Impfdebatte um Corona bedeutete diese Diskordanz innere und äußere Konflikte, die zu Schwierigkeiten bei der Entscheidung für oder gegen die Impfung führten. Doch gerade bei der Impffrage war eine relativ schnelle Entscheidung gefordert. Auch um wieder am sozialen Leben teilnehmen zu können.

Leider kam es in diesem Zusammenhang zu extremeren Reaktionen wie Verleugnung von Informationen und medizinischen Fakten, um den inneren Konflikt möglichst kleinzuhalten. Oder die inneren Konflikte wurden auf andere übertragen und »feindliche Gruppen« erzeugt, die für das Problem verantwortlich gemacht wurden. Durch diese Verschiebung der Verantwortung konnte die

Auseinandersetzung mit der eigenen Verantwortung zumindest kurzfristig vermieden werden. So wurden »Fronten« geschaffen, die sich immer weiter verhärteten und auch auf andere gesellschaftliche Themen, wie zum Beispiel auf die Asylpolitik, übertragen wurden.

In einer psychotherapeutischen Sitzung erzählte mir Frau L. von ihren persönlichen Erfahrungen während der Coronakrise: »Als die Coronakrise losging, war ich erst relativ entspannt, weil ich das Ganze nicht so ernst genommen habe. Ich dachte, dass ich da sowieso nicht so gefährdet bin, weil ich ja jung und gesund bin. Aber als es dann ernster wurde, der Lockdown kam und meine Eltern sich beide infizierten, da war auch ich nicht mehr entspannt. Corona traf die beiden so stark, dass sie kurzzeitig ins Krankenhaus mussten. Erst mein Vater, später meine Mutter. Nur ein paar Tage, aber es war ein Riesenschreck für mich. Ich dachte, ich würde jetzt meine Eltern an den Scheißvirus verlieren.

Dann kam die Impfung, und ich weiß noch, wie ich täglich fast zehnmal bei unserer Hausärztin anrief und die MFA so lange nervte, bis sie uns einen Termin abends um 19 Uhr, als die Praxis schon zu war, für die Impfung gab. Ich glaube, das durfte sie eigentlich nicht. Ich weiß es nicht genau. Keiner wusste in dieser Zeit mehr so genau, was man eigentlich noch darf.

Aber dann ging's erst richtig los. Meine Mutter schien die Impfung gut zu verkraften, aber mein Vater musste danach mehrfach ins Krankenhaus. Sein Herz hat nicht mehr so gut mitgemacht. Immer wieder war etwas mit ihm. Wir hatten nur noch Angst. Bis heute hat er sich nicht erholt. Die Ärztin meinte, es würde eher am vergangenen Coronainfekt liegen und nicht an der Impfung. Später kam aber raus, dass die Impfung bei manchen zu Herzproblemen führte. Als ich das las – ja, ich glaube, das war der entscheidende Moment –, da verlor ich jegliches Vertrauen in die Medizin. In die

Hausärztin. Die Fachärzte im Krankenhaus. Die konnten mir alle gestohlen bleiben. Ich recherchierte selbst.

Und dann ging's eigentlich nur noch bergab. Ich verbrachte jede freie Minute auf unterschiedlichen Plattformen, installierte mir Telegram und las mich stundenlang, teilweise sogar nächtelang, durch etliche Nachrichten, Presseartikel, schaute mir Videos von Ärzten an, die aus dem System ausgestiegen waren. Das waren so viele Informationen, die konnte ich eigentlich gar nicht richtig verarbeiten. Aber ich war in so einem Tunnel. Dazu kam Schlafmangel, weil ich immer mehr Zeit mit der Recherche und dem Austausch mit anderen verbrachte. Ich traf mich mit meinen eigenen Freunden nicht mehr. Sogar meine Eltern sah ich nur noch selten. Dabei waren die der Grund, warum ich mit der Recherche angefangen hatte. Ich wollte ihnen helfen. Ich spendete mehrere Tausend Euro meines hart ersparten Geldes einer Querdenker-Organisation, die auf das Thema aufmerksam machte. Wenig später war mein Konto im Minus, weil ich irgendwelche Rechnungen übersehen hatte.

Da fiel mir erst auf, was hier gerade passiert. Dann kamen immer mehr Reportagen ans Licht, die genau diese Organisationen entlarvten, und ich kam mir dann einfach so dumm vor. Ich schäme mich bis heute dafür. Aber gleichzeitig fühlte ich mich da genauso wie am Anfang. Als ich das Vertrauen in die Ärzte verlor. Wieder fühlte ich mich verarscht und ganz allein mit meinen Problemen. Da war ich noch verlorener als vorher. Ich wusste nicht mehr, wer gut und wer böse war. Wer die Wahrheit sagte, wer nur Geld wollte. Alle waren plötzlich meine Feinde. Und ich war ganz allein auf der Welt«, berichtete Frau L. und ließ sich mit einem verzweifelten Seufzer immer tiefer in den Sessel fallen.

Manche Menschen neigen dazu, innere Konflikte zu vermeiden, indem sie sie ignorieren oder unterdrücken. Sie versuchen, sich von den unangenehmen Gefühlen oder Gedanken abzulenken, anstatt sich ihnen zu stellen. Wenn man aber aktiver Teil der Gesellschaft ist, ist eine Vermeidung der Entscheidung, zum Beispiel in der Impffrage, kaum möglich.

Eine häufige Reaktion ist die Rationalisierung, bei der wir versuchen, widersprüchliche Gedanken oder Gefühle zu erklären oder zu rechtfertigen. Das dient dazu, den Konflikt zu mindern und dadurch einen konsistenten mentalen Zustand aufrechtzuerhalten. Also einer inneren Kohärenz und Konsistenz.

Klaus Grawe erklärt dies mit der »Konsistenztheorie«. Diese geht davon aus, dass wir grundsätzlich nach Übereinstimmung und Vereinbarkeit gleichzeitig ablaufender psychischer Prozesse streben. Nach Grawe haben wir Menschen vier psychologische Grundbedürfnisse: 1. Orientierung/Kontrolle, 2. Lustgewinn/Unlustvermeidung, 3. Bindung, 4. Selbstwerterhöhung/Selbstwertschutz.

Um diese Bedürfnisse zu befriedigen, bilden sich sogenannte motivationale Schemata aus. Damit sind im Grunde Strategien gemeint, die wir im Laufe unseres Lebens entwickeln, um unsere Bedürfnisse zu erfüllen (Annäherungsschemata) oder um sie vor Verletzung und damit uns selbst vor Enttäuschung zu schützen (Vermeidungsschemata).

Die Frau in dem Beispiel hatte ein enormes Bedürfnis nach Orientierung und Kontrolle, nachdem sie durch die Angst um ihre Eltern so frustriert wurde. Sie wollte die Kontrolle zurückgewinnen und wandte sich an die Ärztin, um die Impfung zu bekommen und ihre Eltern zu schützen. Natürlich spielte da auch eine erhebliche Verlustangst mit hinein. Das Bedürfnis nach Bindung sollte auf jeden Fall erfüllt bleiben und nicht durch eine Verlusterfahrung frustriert werden (Vermeidungsschema).

Doch die Impfung konnte ihr Bedürfnis nach Kontrolle nicht langfristig erfüllen, denn es gab Nebenwirkungen. Auch der Fakt, dass sie nicht genau wusste, ob es an der Impfung oder der Coronainfektion lag, löste eine zusätzliche Frustration ihrer Bedürfnisse und damit Unsicherheit aus. Die Informationen, die sich während der Coronakrise immer wieder schlagartig ändern konnten – was bei einer unsicheren und neuen Situation, die die gesamte Bevölkerung betrifft, ja absolut normal ist –, waren dann aber das i-Tüpfelchen, welches das letzte bisschen Vertrauen in die Medizin und Wissenschaft erschütterte.

Sie hielt diese ambige Situation nicht mehr aus und entschied sich für »eine Seite«. Die Seite, die aus dieser mehrdeutigen Situation, die natürlicherweise komplex war, eine eigene Propaganda machte, die auf stumpfen Dichotomisierungen wie »Lüge« und »Wahrheit« basierte. Alle Informationen waren in diese beiden Kategorien einteilbar, und jeder Information, die nicht zur eigenen Agenda passte, wurde eine absichtliche Täuschung unterstellt.

Frau L. konnte ihre Unsicherheit durch diese illusionäre Kontrolle für eine Zeit reduzieren und sich auf der künstlich erzeugten Seite der vermeintlichen Wahrheit sicher fühlen. Bis auch dieses Kartenhaus in sich zusammenfiel. Für sie zumindest. Der Konflikt, der natürlicherweise Unsicherheit auslöste, war also nicht auf diese Art zu lösen.

Jeder Konflikt schreit nach einer Lösung. So kennen wir es. So fordern wir es.

Auch das Wort Konflikt (lat. *conflictus*) bedeutet so viel wie Zusammenstoß oder Kampf. Sprechen wir nun von verschiedenen Interessen, Werten, Bedürfnissen, Gefühlen oder Überzeugungen, die aufeinanderprallen und für Spannung sorgen, dann machen wir schnell die beiden zusammenstoßenden Parteien für den Aufprall und die Spannung verantwortlich. Nach diesem Narrativ muss eine der beiden Parteien gewählt und über die andere gestellt werden, damit es Ruhe und Kohärenz geben kann. Eine hat recht, die andere unrecht. Eine ist richtig und eine ist falsch.

Statt die gegensätzlichen Werte, Bedürfnisse, Gefühle oder Überzeugungen als Problem zu sehen, könnten wir sie aber auch als Botschafter sehen. Als Botschafter dafür, dass in uns zu wenig Raum für beides ist. Dass in uns etwas fehlt, was den Raum so erweitern könnte, dass beides nebeneinanderstehen kann, ohne Spannungen auslösen zu müssen und auch ohne eine polarisierende Position von »Gut« und »Böse« wählen zu müssen. In Bezug auf die Impfdebatte um Corona würde das bedeuten, dass man die Vielfalt der Meinungen und Perspektiven respektiert und akzeptiert, ohne sofort zu urteilen oder zu verurteilen. Statt sich in starren Positionen zu verhärten, wäre man offen für einen konstruktiven Dialog und bereit, verschiedene Standpunkte anzuhören und zu verstehen. Und natürlich erforderte speziell die Impffrage eine klare »Ja«- oder »Nein«-Entscheidung. Doch auch hier gibt es die Möglichkeit, ein bewusstes »Ja« oder »Nein« zu wählen und dabei alle bisher bekannten Informationen über die Vorteile und die Risiken abzuwägen – ohne sich in Halbwahrheiten oder verhärteten Fronten zu verlieren.

Ambiguitätstoleranz würde es ermöglichen, die Unsicherheiten und Komplexitäten der Impfdebatte anzuerkennen, ohne sich in extreme Positionen zu drängen. Man würde die Grauzonen anerkennen und die Tatsache akzeptieren, dass es nicht immer eine klare Antwort gibt. Stattdessen würde man die Unsicherheit als natürlichen Bestandteil des Prozesses betrachten und bereit sein, sich auf neue Informationen und Entwicklungen einzulassen.

Ein ambiguitätstoleranter Umgang mit der Impfdebatte würde auch bedeuten, die Bedenken und Ängste anderer zu respektieren, selbst wenn sie nicht mit den eigenen Ansichten übereinstimmen. Man würde versuchen, Empathie und Verständnis zu zeigen, anstatt zu urteilen oder zu kritisieren. Gleichzeitig würde man aber auch wissenschaftliche Fakten und Beweise als wichtige Grundlage für Entscheidungen anerkennen.

Diesen Raum kann die Ambiguitätstoleranz bieten. Die Toleranz für die Mehrdeutigkeit. Für das Ungewisse in der Mehrdeutigkeit. Sie entfernt den erzwungenen Raumteiler, der eine starre Grenze zwischen A und B, zwischen Schwarz und Weiß, zwischen Richtig und Falsch zieht, und lässt dadurch alles, was dazwischenliegt, zu.

Das Gerechte-Welt-Denken

Ambiguitätstoleranz löst nicht jeden Konflikt. Und das will und soll sie auch gar nicht. Sie sorgt dafür, dass insbesondere die unlösbaren Konflikte, die Dilemmata, mit denen wir auf der Welt konfrontiert sind, ausgehalten werden können, ohne sich in die gefährliche Einfachheit der Extreme zu begeben.

Der Konflikt entsteht, weil die mindestens zwei Positionen in uns als Widersprüche wahrgenommen werden. Und das geschieht, weil wir nicht gelernt haben, Gegensätzliches auszuhalten, als gegeben hinzunehmen und es als »normal« zu empfinden. Das liegt auch daran, dass wir dazu neigen, die Welt als grundsätzlich gerecht und ausgewogen wahrnehmen zu wollen. Das Gerechte-Welt-Denken oder die Gerechtigkeitsillusion ist eine Art psychologischer Mechanismus, der dazu dient, das Sicherheitsgefühl aufrechtzuerhalten und die Unvorhersehbarkeit und Unsicherheit des Lebens zu reduzieren. Diese kognitive Neigung sorgt unter anderem dafür, dass wir glauben, dass gute Taten grundsätzlich belohnt und schlechte Taten bestraft werden. Dass es eine klare Ursache-Wirkungs-Beziehung zwischen Handlungen und Ergebnissen gibt (Glaube an Kausalität). Und dass Menschen stets das bekommen, was sie verdienen.

Das geht so weit, dass auch eine Opfer-Schuld-Zuschreibung stattfindet, nur um die eigenen Gefühle der Unsicherheit bewältigen zu können. Wenn Menschen beispielsweise Opfer von unglücklichen Ereignissen werden, kann das Gerechte-Welt-Denken dazu führen, dass sie nach Gründen suchen, warum die Opfer selbst schuld an ihrer Situation sind.

Denken wir nur mal an das Victim Blaming bei Vergewaltigungsopfern. »Selbst schuld, wenn sie so angezogen war!« oder »Dann hätte sie um diese Uhrzeit nicht rausgehen sollen« sind nur einige Beispiele dafür. Uns muss dabei klar sein, dass dies nicht die Tatsache ist und kein Opfer die Schuld an dem an ihm vergangenen Verbrechen trägt. Uns muss klar sein, dass diese Zuschreibungen nur dazu dienen, unser eigenes Gefühl der Kontrolle zu bewahren. Und das auf Kosten anderer, bereits vulnerabler Gruppen, wie Opfer von Vergewaltigung.

Je mehr wir dem Gerechte-Welt-Glauben unterliegen, umso gefährlichere Konsequenzen hat es für uns und unsere Mitmenschen. Denn er führt nicht selten auch zur Verharmlosung von Ungerechtigkeiten und dazu, dass Leiden von Menschen übersehen oder bagatellisiert und soziale Ungerechtigkeiten ignoriert werden. So wird Diskriminierung gefördert, nur um sich die Welt einfacher zu machen und sich sicher in ihr fühlen zu können. Weil wir Ungewissheit, Unvorhersehbares und Fremdes eher mit Unsicherheit assoziieren und zu wenig Ungewissheitstoleranz besitzen, um sie aushalten zu können.

Wir glauben dabei auch oft, dass wir mehr Kontrolle über unser Leben haben, als es der Realität entspricht. Denn in der Realität ist die Welt oft komplex und ungerecht, und natürlich kann hierbei das Gerechte-Welt-Denken dazu beitragen, eine gewisse psychologische Stabilität aufrechtzuerhalten, auch wenn es nicht immer mit den realen Gegebenheiten übereinstimmt. Doch es nimmt uns auch die Möglichkeit, diese Realität auszuhalten und zu lernen, mit ihr und allem, was sie in uns auslöst, konstruktiv umzugehen.

Wenn wir konstruktiv mit dem Phänomen des Victim Blaming umgehen würden, würden wir zunächst die zugrunde liegenden Mechanismen und Denkweisen hinterfragen. Anstatt die Opfer von Ungerechtigkeiten zu beschuldigen oder zu kritisieren, würden wir versuchen, die zugrunde liegenden sozialen Strukturen und Dynamiken zu verstehen, die zu solchen Situationen führen können.

Wir könnten anerkennen, dass Opfer von Ungerechtigkeiten nicht die Schuld zugewiesen bekommen sollten und dass niemand Misshandlung, Diskriminierung oder Benachteiligung verdient hat oder schweigend aushalten muss, nur weil es für uns als Gesellschaft zu unbequem ist, uns mit diesen Themen auseinanderzusetzen. Indem wir Empathie und Mitgefühl für diejenigen zeigen, die Opfer von Ungerechtigkeiten geworden sind, könnten wir sie unterstützen und ihnen helfen, ihre Stimmen zu erheben und für ihre Rechte einzutreten.

Darüber hinaus könnten wir uns aktiv für die Förderung von sozialer Gerechtigkeit und Gleichberechtigung einsetzen, indem wir uns für Veränderungen in den Strukturen und Systemen engagieren, die Ungerechtigkeiten ermöglichen oder begünstigen. Wir könnten uns für eine Sensibilisierung der Gesellschaft für die Folgen von Victim Blaming einsetzen und eine Kultur der Solidarität und Unterstützung für diejenigen schaffen, die Opfer von Ungerechtigkeiten sind, statt der kurzfristig zwar bequemeren Ignoranz zu verfallen, die sich langfristig als gesellschaftliche Bedrohung entpuppt, da sie gezielt Realitäten ausblendet.

Und auch wenn das Zulassen der unbequemen Themen das Potenzial enthält, zu inneren und äußeren Konflikten zu führen, bedeutet eine empathische und solidarische Haltung nicht, dass wir alle immer einer Meinung sein müssen. Im Gegenteil: Es bedeutet, dass wir versuchen zu verstehen, was die gegensätzliche Position meint, wie sie zu dem Schluss kommt, und es trotzdem auszuhalten, dass wir anderer Meinung sind.

Um das aushalten zu können, spielt die emotionale Selbstregulation eine wichtige Rolle. Dazu müssen wir unsere Emotionen erkennen können, sie akzeptieren und dann regulieren können, ohne von ihnen überwältigt zu werden oder sofort nach ihnen zu handeln. Dadurch können wir auch in emotional aufgeladenen Situationen einen klaren Kopf bewahren. Denn nicht jeder Konflikt kann und muss gelöst werden. Die Welt ist nicht gerecht – auch wenn wir dennoch daran arbeiten sollten, sie gerechter zu machen. Wir sollten sie nicht vereinfachen, nicht in Schwarz und Weiß aufteilen und ihr ihre Zwischenstufen nicht nehmen, nur um die Illusion der Kontrolle oder Gerechtigkeit zu wahren. Wir können mehr aushalten, als wir glauben.

Kapitel 6

Zwischen Gut und Böse

Diese psychotherapeutische Sitzung war nicht die erste und auch nicht die letzte Sitzung der Behandlung, aber sie war die eine Sitzung, die mir am besten im Gedächtnis geblieben ist. Nicht weil ich sonst ein schlechtes Gedächtnis hätte, nein, weil das, was er erzählt hat, so eindrücklich für mich war, dass ich tun und lassen könnte, was ich wollte, ich würde es niemals vergessen.

Herr M. ist ein groß und kräftig gebauter Mann mittleren Alters, der eine glatt polierte Außenfassade besitzt. Wahrscheinlich würde nie jemand vermuten, dass dieser Mann seit seiner Kindheit unter schweren depressiven Episoden und einer komplexen Posttraumatischen Belastungsstörung leidet. Er musste schon sehr früh lernen, eine Fassade aufzubauen und nach außen ein anderes Ich zu leben als zu Hause. Wenn die Wohnungstür sich schloss und er mit seiner Mutter allein war, herrschten andere Gesetze als draußen.

»Sie war unberechenbar. Ich musste mich ständig neu an sie anpassen. Irgendwann hatte ich so richtig feine Antennen für ihre Launen und ihre plötzlichen Stimmungswechsel, aber so richtig geholfen hat es dann trotzdem nicht. Sie kam gefühlt immer mit was Neuem um die Ecke. Hatte immer ein Ass im Ärmel«, sagte er fast schon belustigt.

»Wie sah das dann aus? Dieses Ass im Ärmel?«, fragte ich.

Er lachte kurz traurig auf. »Einmal hat sie mich auf dem Supermarktparkplatz stehen gelassen und ist weggefahren. Ich war da gerade mal vier oder fünf Jahre alt. Ich stand auf dem Parkplatz und habe geweint. Eine fremde Frau kam und hat mich getröstet und wollte mit mir meine Mama suchen gehen. Die kam dann aber nach ein paar Minuten zurück und hat mich dann doch mitgenommen.«

»Warum hat sie das getan?«, fragte ich, wohl wissend, dass kein Auslöser der Welt dieses Verhalten rechtfertigen würde. Aber ich wollte ihre Logik verstehen. Wie erklärt sie sich, was sie da tat?

»Sie hat mich im Supermarkt ausgequetscht und immer wieder gefragt, was mein Vater über sie erzählt hat. Da waren die gerade frisch geschieden und führten den absoluten Rosenkrieg. Und ich war mittendrin. Irgendwann gab ich ihr, was sie wollte. Erzählte ihr, dass er sie beleidigt hatte. Daraufhin schrie sie durch den gesamten Supermarkt und rannte wutentbrannt raus. Ich ihr hinterher. Aber sie fuhr einfach weg.« Er pausierte kurz. »Wissen Sie, wenn ich das so erzähle, klingt das so banal. Nicht mal der Rede wert. Aber so was ist ständig passiert. Aus heutiger Perspektive würde ich sagen, sie hat jeden Stress ihres Lebens an mir ausgelassen. Weil ich verfügbar war. Abhängig von ihr war. Ich war wie ein Boxsack, in den sie immer reinschlagen konnte, um Frust abzubauen.« Wieder lachte er kurz traurig auf und sagte dann: »Witzig eigentlich, dass ich jetzt so gern boxen gehe.«

»Sie sind mindestens einen Schritt weiter als Ihre Mutter und nutzen eine funktionale Bewältigungsstrategie für Ihren Stress. Einen Boxsack und kein Kind.«

»Manchmal wünschte ich, sie hätte einfach zugeschlagen. Stattdessen gab es dieses ständige Auf und Ab. Mal waren wir wie beste Freunde, die zusammen spielten und Filme schauten, und im nächsten Moment schrie sie mich urplötzlich an und war plötzlich ein Furcht einflößendes Monster. Sie zog eine fürchterliche Grimasse beim Schreien. Dieser Spagat war so schwer auszuhalten«, sagte er.

Ich nickte verständnisvoll.

»Das war so perfide. Also rückblickend. Sie schrie mich manchmal echt richtig schlimm an, sodass alle Nachbarn sie hören konnten. Lachte mich aus, wenn ich dann Angst hatte oder weinte. Sperrte mich in mein Zimmer, und ich lag da oft in der Dunkelheit und hoffte, dass das Geschrei aufhörte, und schlief dann irgendwann ein. Manchmal kam sie dann aber nachts in mein Zimmer und kuschelte sich an mich und weinte. Ich weiß noch, wie oft ich dadurch wach wurde, dass ich Tränen auf meiner Haut spürte. Ich tröstete sie dann.«

Und plötzlich sackte dieser große Mann zusammen und wurde ganz klein. Er blickte zu Boden, und da war keine Spur von einem Lächeln mehr zu sehen. Die Trauer und die Scham übernahmen seinen ganzen Körper, seine Gestik und seine Mimik und umhüllten ihn wie ein Mantel. Er atmete tief ein und sprach weiter: »Erst benutzte sie mich als Boxsack, um ihren Frust loszuwerden, und dann als tröstenden Freund. Sie behandelte mich wie ein benutztes Taschentuch, das sie wegwarf und abstoßend fand, sobald es ausgedient hatte und vollgerotzt war.«

»Was macht das gerade mit Ihnen?«, wollte ich wissen.

»Ich fühle mich einfach so benutzt. So dreckig und eklig. Als wäre ich zu nichts anderem zu gebrauchen als für das Erfüllen der Bedürfnisse anderer Menschen.« Seine Mimik wurde finster. »Dann erkläre ich es mir aber. Sie hat mich auch wie einen Therapeuten benutzt und mir immer ihre fürchterlichen Storys aus der Kindheit erzählt. Das waren dann meine Gute-Nacht-Geschichten. Ihr Vater war wohl sehr sadistisch und hat sie auf alle erdenklichen Weisen misshandelt.«

»Wie alt waren Sie, als sie Ihnen das erzählt hat?«

»Ich weiß nicht genau. Vielleicht fünf oder sechs.«

Auch das ist Missbrauch. Sie missbrauchte ihr Kind auf so unterschiedliche Weise. Sie nutzte ihn, um ihre Wut und ihren Frust im Alltag loszuwerden, um einen Freund zu haben, um nicht allein sein zu müssen und getröstet zu werden und um ihre Traumata mit jemandem teilen zu können. Er war nicht nur ein Boxsack oder Taschentuch für sie, wie er es nannte. Er hatte so viel mehr Funktionen, so viel mehr Rollen zu erfüllen. Nur ein Kind durfte er nicht sein.

Und sie selbst anscheinend auch nicht. Sie wurde selbst Opfer emotionaler, körperlicher und sexueller Gewalt und gab das weiter, was sie kannte. Dass sie selbst mal das Opfer war, spricht sie auch nicht von ihrer Verantwortung frei. Es erklärt nur etwas besser, warum sie selbst zur Täterin wurde. Ich vermutete, dass sie selbst keine erfolgreiche Therapie gemacht hatte, da bis zum letzten Kontakt, den er im Erwachsenenalter mit ihr hatte, keine Verantwortungsübernahme und Selbstreflexion ihrerseits stattfand.

»Wissen Sie, ob sie selbst jemals eine Therapie gemacht hat?«, wollte ich wissen, um meine Vermutungen bestätigt zu bekommen.

Da war es wieder. Er lachte kurz auf. Es war kein echtes, belustigtes Lachen. Es war eine Bewältigung. Es war dieses traurige Schmunzeln, und sein Gesicht verzog sich fast schmerzhaft, formierte sich dann aber zu einem Lächeln.

»Sie ist selbst Psychotherapeutin. Sie hat keine Therapie gemacht, aber eine Lehranalyse.« Er blickte mich an, und ich hatte das Gefühl, er wusste genau, was diese Information in mir auslösen würde. Vielleicht hatte er sie deshalb so lange zurückgehalten?

Mit seiner Vermutung, die ich ihm gedanklich angedichtet hatte, hatte er aber recht. Diese Information traf mich wie ein Schlag und beschäftigte mich danach so nachhaltig, dass ich heute hier sitze und diese Zeilen schreibe. Und während ich diese Worte aneinanderreihe und meine Finger über die Tastatur meines Laptops gleiten, spüre ich eine tiefe Traurigkeit in mir, die sich blitzschnell in Wut umwandelt. Ich spüre aber auch Angst im Brustkorb und ein Kribbeln in meinen Armen. Ich fühle wahrscheinlich das, was er unter anderem gefühlt haben muss. Ich fühle mich hilflos.

Er hatte seit Jahren keinen Kontakt mehr zu seiner Mutter, und ich fragte mich auch, ob er über eine Psychotherapie eine Art »Stellvertreter«-Verbindung zu ihr herstellen wollte. Mir fiel jedoch auf, dass er seine Mutter in der Rolle der Psychotherapeutin kaum kannte. Er kannte die andere Seite. Und wieder schossen mir unzählige Fragen durch den Kopf.

Wie kann die Person, die die Anlaufstelle für Hilfesuchende für vulnerable Personengruppen ist, gleichzeitig die Person sein, die ihrem eigenen Kind Gewalt antut? Wie kann das parallel in einem Körper existieren? Wie kann sie in ihrer Praxis sitzen und Menschen empathisch gegenübertreten und Opfer von eben der Gewalt behandeln, die sie selbst als Täterin ausführt, sobald sie Feierabend hat?

Ich nutze diese Fragen und meine Erfahrungen in diesem Beruf, um das wirklich zu reflektieren. Um zu versuchen zu spüren, was es heißt, diese Diskrepanz zu leben.

Mein Sohn schläft bereits tief und fest in seinem Zimmer, und ich stelle mir, während ich diese Zeilen schreibe, vor, wie ich meine Sachen zusammenpacke und zur Kita fahre, um ihn abzuholen. Ich stelle mir weiter vor, wie wir in den Supermarkt gehen und ich mich über etwas aufrege, was er nur deshalb sagt, weil ich ihn dazu dränge. Ich schreie durch den gesamten Supermarkt, mache ihm Angst, stelle ihn bloß, lasse ihn allein mit all diesen schweren Gefühlen. Ich – seine wichtigste Bindungsperson – lasse ihn hilflos zurück und fahre einfach weg, nur um ihn dann nach ein paar Minuten abzuholen und dafür auszulachen, dass er wirklich geglaubt hat, dass ich nicht zurückkomme.

Zu Hause angekommen tue ich so, als wäre nichts gewesen, und spiele ausgelassen mit ihm seine Lieblingsspiele. Wir bauen gerade seine Lego-Ninjago-Figuren und Fahrzeuge auf, als sich meine Stimmung plötzlich schlagartig ändert. Ich schreie ihn für jeden noch so kleinen Fehler an und verbiete ihm dann plötzlich grundlos Dinge, die ich ihm gestern noch erlaubt hatte. Ich kommentiere abfällig, wie er isst, wie er sich bewegt oder wie er spricht. Ich lasse ihn in seinem Zimmer nachts im Dunkeln allein und kümmere mich nicht darum, ob er eine Einschlafbegleitung braucht.

Während er ängstlich allein in seinem Bett liegt, schreie ich noch wild durch die Wohnung. Und wenn ich mich dann abreagiert habe, werde ich plötzlich ganz traurig und suche menschliche Nähe, um aufgefangen zu werden. Ich schleiche mich leise in sein Zimmer und kuschele mich an ihn. Denn nachdem ich mich den ganzen Tag schon an seinen Gefühlen, seiner Persönlichkeit und seiner Wahrnehmung vergriffen habe, vergreife ich mich jetzt auch noch an dem, was noch geblieben ist. Seinem Körper. Ich weine und lasse wieder alles an ihm aus, was an Gefühlen in mir ist, und er fühlt sich verantwortlich dafür, mich zu trösten. Einfach nur, damit er nicht noch mal angeschrien wird. Einfach nur, um Sicherheit für sich herzustellen. Einfach nur, weil er gefallen will, endlich angenommen und geliebt werden will.

Ich konnte nicht weiterschreiben und musste dieses Gedankenspiel unterbrechen. Ich klappte den Laptop zu, stand auf und blickte ins Kinderzimmer meines Sohnes. Nur um die Bestätigung in dieser Realität zu erhalten, dass er so etwas nicht wirklich erleben muss. Dass er gerade friedlich in seinem Bett liegt, sein Nachtlicht an ist und das Buch, das wir während der Einschlafbegleitung gelesen haben, noch neben seinem Bett liegt, erleichtert mich. Er muss so etwas nicht erleben.

Aber Herr M. musste es.

Und wieder frage ich mich, wie das Unvorstellbare für andere Menschen Realität sein kann. Und ich ertappe mich dabei, dass ich mich das bei all den anderen Fällen von Kindesmissbrauch, die ich bereits begleitet habe, nie in der Intensität gefragt habe. Dieser Fall hat mich deshalb so beeindruckt, weil ich mich kenne, meinen Beruf kenne und meine Berufsgruppe kenne. Ich weiß, was es heißt, diesen Beruf auszuüben, und es erschüttert mich daher besonders, dass man Menschen, die Gewalt erlebt haben, so intensiv bei der Verarbeitung begleitet und gleichzeitig selbst Gewalt ausübt. Wie kann ein Mensch diese Diskrepanz aushalten?

Was ich heute sagen kann, ist, dass es nicht der letzte Fall war, der mir gezeigt hat, wie viele Gegensätze Menschen in sich tragen können und, natürlich, dass sie umso größer sein können, je mehr Gegensätzliches sie selbst bereits in ihrer Kindheit und Jugend aushalten mussten.

Wie kann die Psychotherapeutin, die gleichzeitig Täterin ist, diese Widersprüche in sich aushalten? Wie kann mein Patient, Herr M., diese Widersprüche im Zusammenleben mit ihr und dann in sich selbst aushalten? Wie viel Toleranz sollten wir für Widersprüche und Gegensätze in uns aufbringen, und wie authentisch können wir eigentlich sein, wenn da so viel Gegensätzliches in uns ist?

Vielleicht sind beide Wahrheiten möglich. Sie kann eine gute und empathische Psychotherapeutin sein und gleichzeitig eine missbräuchliche Mutter. Ich merke, wie schwer es mir fällt, diese Gegensätze auszuhalten, doch vielleicht ist gerade dieser Anspruch auf eine einheitliche und absolute Wahrheit, die wir von der Welt, von uns und von anderen Menschen verlangen, das, was es so schwer macht, diese Diskrepanz auszuhalten.

Vielleicht müssen wir von diesem Anspruch der eindeutigen Wahrheit und der damit verbundenen hohen Moral wegkommen und Menschen als das sehen, was sie sind: vielfältig und komplex – auch wenn wir das nicht immer gut aushalten können.

Mehrperspektivität

Friedrich Nietzsche setzte sich in seinem bedeutenden Werk *Jenseits von Gut und Böse* intensiv mit verschiedenen philosophischen Themen auseinander, darunter genau damit: mit Gegensätzen, Wahrheiten und Moral. Er reflektierte kritisch traditionelle moralische Werte und rief zu einer grundlegenden Neubewertung dieser Werte auf.

Nietzsche nahm dabei eine klare Position gegenüber vermeintlich objektiven Wahrheiten ein, die er als subjektive Interpretationen zu entlarven versuchte. Die Wahrheiten, die wir als objektiv bewerten, die aber nichts weiter sind als unsere individuellen Interpretationen.

Nietzsche stellt damit traditionelle moralische Gegensätze wie Gut und Böse infrage und argumentiert sehr überzeugend, dass diese Begriffe historisch gewachsen sind und in verschiedenen kulturellen Kontexten unterschiedlich interpretiert wurden. Nach Nietzsche sind moralische Werte eher Ausdruck menschlicher Bewertungen als objektiver Realitäten. Das heißt, moralische Kategorien wie Gut und Böse oder Richtig und Falsch sind zunächst nichts weiter als Begriffe, die wir, je nachdem, in welcher Kultur wir sozialisiert worden sind, geformt haben und denen wir jeweilige Unterbegriffe zugeordnet haben.

Gerade diese moralischen Bewertungen werden oft als etwas Natürliches oder gar von Gott Gegebenes angesehen, dabei sind sie nichts weiter als das Produkt einer Gemeinschaft, die sich direkt oder indirekt auf diese Bewertungen geeinigt hat und sie danach nur noch selten bis gar nicht mehr hinterfragt.

Damit will ich, bezogen auf obiges Beispiel, keinesfalls sagen, dass missbräuchliches Verhalten neu bewertet werden sollte, sondern ich will aufzeigen, dass wir komplexer sind als gut oder böse. Während diese Frau eine miserable Mutter war – und als Mutter tut mir diese Bewertung besonders weh –, war sie laut der Aussage meines Patienten gleichzeitig eine angesehene und erfolgreiche Psychotherapeutin, die ihren Patientinnen und Patienten scheinbar genau das richtige Maß an Verständnis, Empathie und Kompetenz entgegenbringen konnte.

Ihre Patientinnen und Patienten wären wahrscheinlich mehr als nur schockiert, wenn sie wüssten, wie diese Frau mit ihrem eigenen Sohn umgegangen ist.

Wäre eine ihrer Taten zur Anzeige gekommen, so wären vielleicht auch ihre Nachbarn und Bekannten entsetzt gewesen und hätten so etwas wie »Also, das kann ich mir bei ihr beim besten Willen nicht vorstellen. Ich habe sie immer als freundlich und liebevoll erlebt« gesagt. Und es wäre ihre Wahrheit gewesen. Oder wie Nietzsche sagen würde: ihre subjektive Interpretation der Wahrheit.

Aushalten zu können, wie fragil Wahrheiten sind, ist auch eine Fähigkeit, die besonders viel Ambiguitätstoleranz erfordert. Passend dazu propagiert Nietzsche in seinem Werk den Perspektivismus als Hilfsmittel, indem er behauptet, dass es keine universelle Wahrheit gibt, sondern dass jede Wahrheit durch die individuelle Perspektive gefärbt ist.

Perspektivismus oder die Fähigkeit zur Mehrperspektivität ist eine Fähigkeit, die sich gezielt üben lässt – auch wenn das nicht immer leichtfällt – und mit deren Einübung wir gleichzeitig unsere Ambiguitätstoleranz erhöhen. Der Perspektivismus betont genau wie die Ambiguitätstoleranz die Bedeutung der vielfältigen Perspektiven und argumentiert, dass sämtliche Erkenntnis von individuellen Interpretationen geprägt ist.

Nietzsche hält traditionell moralische Vorstellungen oder das Beharren auf diesen für lebenshemmend und fordert immer wieder dazu auf, starre Denkmuster zu überwinden und aktiv kreative, lebensbejahende Werte zu entwickeln, die den individuellen Lebensbedürfnissen gerecht werden. Gerade der Fokus auf die Bedeutung der Mehrperspektivität ist somit nicht nur als eine trockene philosophische Gedankenfigur zu verstehen, sondern als eine kraftvolle – und auch psychotherapeutische – Aufforderung, das Leben aktiv zu gestalten, neue Perspektiven einzunehmen und individuelle Werte zu schaffen beziehungsweise zuzulassen.

Herr M., der von seiner Mutter einerseits traumatisiert wurde und andererseits liebevolle Erfahrungen mit ihr gemacht hat, hatte viele widersprüchliche Gefühle und Überzeugungen über seine Mutter, sich selbst und die Beziehung zwischen ihnen. Das Wechselspiel zwischen liebevollem und gewalttätigem Verhalten führte bei ihm zu inneren Konflikten, die nicht immer leicht auszuhalten waren und ihn sehr verwirren konnten.

Hier würde Nietzsche vermutlich argumentieren, dass die menschliche Natur widersprüchlich ist – auch wenn wir das nicht immer einsehen wollen – und dass Gegensätze wie Liebe und Gewalt oft nebeneinander existieren. Die Liebe ist in diesem Kontext ein »Wert«, der in einer komplexen Art und Weise umgewertet werden muss. Sie kann in diesem Fall sowohl als schützendes, positives Element als auch als Teil eines dysfunktionalen, gewalttätigen Musters betrachtet werden und sollte daher nicht mehr als rein gut oder böse angesehen werden. Die Liebe, die die Mutter für ihn hatte, war in ihrer subjektiven Wahrheit sicher gut und richtig, doch die Gewalt, die sie ihm antat, wurde mit ebendieser Liebe gerechtfertigt. »Ich bin nur so streng mit dir, weil ich dich so liebe«, sagte sie immer wieder zu ihrem Sohn. Ihre Liebe war hier also nicht nur »gut«. Sie war aus ihrer Perspektive auch »streng«. Und nach dem, was Herr M. schilderte, war sie außerdem missbräuchlich und gewalttätig.

Vielleicht ist Liebe als Wert nie rein gut. Vielleicht sollten wir uns von dieser absoluten Perspektive der Liebe verabschieden. Denn nicht selten werden gerade im Namen der Liebe furchtbare Taten begangen, die dann als sogenannte »Beziehungstaten« oder »Beziehungsdramen« in den Schlagzeilen landen. Dabei handelt es sich korrekterweise um Mord oder Totschlag.

Diese Begriffe, die ganz klar als »böse« eingestuft werden, sind aber nicht neben »Liebe«, die »gute« Kategorie, zu stellen. Dieser

Gegensatz ist nicht auszuhalten, also neigen Menschen – in diesem Fall die Medienschaffenden – dazu, weitere Begriffe zu kreieren, die diesen vermeintlichen Gegensatz auflösen sollen. Oder es versuchen wollen. Beziehungsdrama statt brutaler Totschlag.

Doch was wäre, wenn wir den Gegensatz beziehungsweise die Inkohärenz, die der Gegensatz in uns auslöst, dadurch auflösen, indem wir ihn bewusst zulassen? »Liebe« ist nicht immer automatisch gut. Zumindest so, wie sie in unserer Realität gelebt wird, und nicht so, wie Erich Fromm sie in *Die Kunst des Liebens* beschreibt, nämlich als eine komplexe und tiefgründige Beziehung zwischen zwei Menschen, die auf gegenseitigem Respekt, Fürsorge und Hingabe beruht. Sie ist also nicht einfach eine emotionale Reaktion oder ein Zustand, sondern eine aktive Fähigkeit, die entwickelt und gepflegt werden muss. Auch ein Mord ist nicht immer grausam und böse – denken wir nur an Notwehr oder Sterbehilfe.

Herr M. musste lernen, auszuhalten, dass seine Mutter beziehungsweise die Mutterliebe sowohl »gut« als auch »böse« war. Dass sie einerseits liebevoll und andererseits gewalttätig war und ihm großen Schaden zugefügt hat. Und als er alt genug war, sich der Machtstruktur zu entziehen, entschied er, dass der Schaden größer war als der Nutzen. Dass die Fähigkeit seiner Mutter zu lieben nicht gut genug ausgeprägt war und sie zu wenig investierte, um diese Fähigkeit auszubauen und ihr Verhalten zu verändern. Er entschied, den Kontakt vollständig abzubrechen, um unter ihrer mangelnden Fähigkeit zu lieben nicht weiter leiden zu müssen. Um zu diesem differenzierten Bild einer Mutter zu kommen, braucht es eine differenzierte Sichtweise. Den wenigsten Opfern, deren Täter oder Täterinnen gleichzeitig Familienmitglieder oder Partner oder Partnerinnen sind, hilft es, die missbräuchliche Person als vollkommen »gut« im Sinne von unschuldig oder »böse« im Sinne von schädlich einzustufen. Denn in ihnen bleibt oft die Zerrissenheit und der

Konflikt zwischen dem Bedürfnis nach Bindung und Nähe sowie dem Bedürfnis nach Abgrenzung und Schutz. Durch das Anerkennen der sowohl guten als auch schlechten Anteile der missbräuchlichen Person kann diesem inneren Konflikt die Schärfe genommen werden und eine bewusste Entscheidung bezüglich des weiteren Kontakts beziehungsweise der weiteren Beziehungsgestaltung getroffen werden.

Es muss aushaltbar sein, dass nicht alles in Gut oder Böse einteilbar ist und dass Dinge, von denen wir denken, dass sie ganz klar auf der einen Seite stehen, unter Umständen auch genauso gut auf der anderen Seite stehen könnten. Das Leben, die Menschen, die Welt und alles dazwischen ist komplexer, als die dualistische Perspektive es aussehen lassen will. Das bedeutet aber nicht, dass Missbrauch legitimiert werden darf. Eine wichtige Regel in den meisten Behandlungen eines Traumas ist: »kein Kontakt zum Täter/zur Täterin während der Behandlung«. Und das aus gutem Grund, denn wir können kaum von traumatischen Erfahrungen heilen, wenn wir der traumatischen Situation weiterhin ausgesetzt sind und damit weiterhin in Unsicherheit und Gefahr leben.

Kapitel 7

Zwischen Liebe und Gewalt

»Es ist mir schon wieder passiert«, sagte sie leise, und aufgrund der Art, wie sie es sagte, wusste ich sofort, was sie mit »es« meinte.

»Also nicht so schlimm wie mit dem letzten Mann. Diesmal hat er mich nicht geschlagen. Aber er hat mich angeschrien, mich bedroht und einige Möbelstücke in meiner Wohnung zerstört. Er schmiss sie einfach um sich und schlug auf meine Schränke und Türen ein, bis seine Fäuste ganz blutig waren.«

Sie erzählte das in einer Ruhe und Gelassenheit, dass ich mich kurz fragte, ob ihr das passiert war oder ob sie es in der Zeitung gelesen hatte.

»Was hat das mit Ihnen gemacht? Wie sind Sie da rausgekommen? Sind Sie zur Polizei gegangen?«, fragte ich hastig und bereute es sofort. Ich hätte mich kurz sammeln sollen, bevor ich all meine Sorgen um sie ungefiltert an ihr auslasse.

»Ich bin aus der Wohnung gelaufen und zu einer Freundin gefahren. Er hat mich nach ein paar Stunden angerufen, geweint und sich entschuldigt. Er klang wirklich verzweifelt. Daher war ich nicht bei der Polizei. Mittlerweile hat er auch die Möbel und Türen ersetzt.«

»Das heißt, Sie sind weiterhin zusammen?«, fragte ich und hoffte, dass sie Nein sagte.

»Ich weiß es nicht. Ich habe gesagt, dass ich eine Pause brauche, um darüber nachzudenken. Einerseits verstehe ich ihn. Er hatte es auch nicht leicht im Leben. Aber andererseits habe ich mir geschworen, so was nie wieder zu tolerieren. Nie wieder.«

»Was nicht mehr zu tolerieren?«, fragte ich, damit sie es aussprach.

»So behandelt zu werden.«

»Wie behandelt zu werden?«, hakte ich weiter nach, und sie verstand meine implizite Botschaft, es genau zu benennen.

»Bedroht zu werden. Angeschrien zu werden wegen Kleinigkeiten. Sich unsicher mit dem Menschen zu fühlen, den man liebt.

Schlimmstenfalls noch geschlagen zu werden. In der eigenen Wohnung nicht mehr sicher sein zu können. Tief durchatmen zu müssen, bevor man in seine eigene Wohnung geht. Zu zittern, wenn man den Schlüssel im Schloss umdreht. Weiche Knie zu haben, wenn man merkt, dass die Stimmung wieder schwankt. Sich immer wieder zu überlegen, was man sagt und wie man es sagt, und trotzdem Angst davor zu haben, dass es das Falsche war.«

Wir schwiegen eine Weile und ließen diese schweren Worte und die noch schwereren Erinnerungen, die mit ihnen verbunden waren, im Raum stehen.

»Ich habe das in früheren Partnerschaften viel zu lange mitgemacht. Ich mache das nicht noch einmal mit. Ich kann nicht. Ich kann mir selbst nicht so untreu sein. Ich habe es mir geschworen.« Tränen rollten über ihr Gesicht, und sie suchte sofort nach einem Taschentuch in ihrer Tasche, um sie wegzuwischen. Ich hielt ihr die Taschentücherbox hin, die vor ihr auf dem Tisch lag. Sie nahm sich das Taschentuch nie von selbst. Sie wartete stets, bis ich es ihr anbot.

»Kann man jemanden lieben, der einen so behandelt?«, fragte sie mich verzweifelt.

Die Frage ist eigentlich nicht, ob man so jemanden lieben kann. Klar kann man. Wobei auch das abhängig davon ist, was wir subjektiv unter Liebe verstehen und wie wir diese verstehen. Dass auch die Liebe mehr als eine Wahrheit hat, haben wir ja im letzten Kapitel erarbeitet. Und dass es grundsätzlich möglich ist, jemanden zu lieben, der einen schlecht behandelt, sehen wir an der Vielzahl von missbräuchlichen Beziehungen und Ehen. Die Frage ist eher, kann man mit so jemandem langfristig zusammenleben und dabei psychisch (und körperlich) gesund bleiben? Wahrscheinlich nicht.

Jetzt bleibt aber noch die Frage danach, was einem wichtiger ist. Mit diesem Menschen, den man liebt, zusammen zu sein, in guten wie in schlechten Zeiten? Oder die eigene Sicherheit und die eigene psychische und körperliche Unversehrtheit? Denken wir zurück an Grawe und die psychologischen Grundbedürfnisse. Das motivationale Annäherungsschema (aktiviert durch das Bedürfnis nach Bindung) und das Vermeidungsschema (aktiviert durch die Bedürfnisse nach Kontrolle und Selbstwertschutz) scheinen hier in Konflikt miteinander zu stehen.

Beziehung als Tatort

In Beziehungen müssen wir aber zusätzlich auch noch abwägen zwischen den Bedürfnissen des Gegenübers und unseren eigenen, die ebenfalls in Konflikt stehen können. Wir geben in Beziehungen immer etwas auf, im Idealfall bekommen wir dafür aber auch etwas dazu, was wir für uns allein nicht herstellen können. Beispielsweise Intimität, ein vertrauensvolles Gegenüber, Unterstützung und Zweisamkeit. Dafür sind wir dann bereit, auf etwas Autonomie zu verzichten, und geben ein Stück unserer Unabhängigkeit auf.

Wenn wir aber unsere Sicherheit und unser Wohlbefinden aufgeben müssen, um die Beziehung zu halten, dann sind das sehr hohe Kosten. Ein Minusgeschäft, das in der freien Wirtschaft nie jemand bei gesundem Menschenverstand eingehen würde. Auch wenn wir bei engen Beziehungen keine wirkliche Kosten-Nutzen-Rechnung aufstellen können und auch nicht sollten, ist es dennoch wichtig, sich die Frage nach dem Motiv für das Weiterführen der Beziehung zu stellen. Warum bleibe ich in einer Beziehung, die mir offensichtlich schadet?

Die Antwort ist komplexer und vieldeutiger, als diese einfache Frage vermuten lässt. Neben Angst vor den Konsequenzen einer Trennung, dem Gefühl der emotionalen Abhängigkeit, dem eigenen niedrigen Selbstwertgefühl, den eigenen negativen Glaubenssätzen über sich selbst und Beziehungen, neben Manipulation und Kontrolle, neben sozialer Isolation, neben der Hoffnung auf Veränderung und den eigenen Scham- und Schuldgefühlen spielen auch die Angst vor der puren Gewalt und die Ungewissheit über die Zukunft (Existenzangst) eine wichtige Rolle. Und diese sind oft auch gar nicht so unbegründet, wie sie auf den ersten Blick scheinen, denn sie haben eine persönliche, eine zwischenmenschliche sowie eine soziale und politische Ebene – insbesondere, wenn es Frauen betrifft.

Schätzungsweise hat jede vierte Frau im Alter von 16 bis 85 Jahren in ihrem Leben bereits einmal körperliche oder seelische Misshandlung durch ihren gegenwärtigen oder ehemaligen Lebensgefährten erlebt. Die besondere Belastung von häuslicher Gewalt ergibt sich aus der Tatsache, dass sie im vermeintlich sicheren Raum des Zuhauses stattfindet – einem Ort, der normalerweise Schutz und Geborgenheit bieten sollte – und von einer Person ausgeht, der man vertraut. Der Mann, der einer Frau am nächsten und vertrautesten ist, ist auch der Mensch, der statistisch gesehen der gefährlichste Mann in ihrem Leben ist.

Häusliche Gewalt kann viele Formen haben und äußert sich nicht nur durch körperliche oder sexuelle Übergriffe, sondern auch, wenn der Lebensgefährte, Ehemann oder Ex-Partner

- seine Frau oder Ex-Partnerin beleidigt und bei anderen schlechtmacht,
- jähzornig wird und ihr Eigentum beschädigt,
- ihr droht, sie oder die Kinder, Freundinnen und Freunde, Verwandte oder Haustiere zu verletzen,
- ihren Kontakt zu Freundinnen oder Freunden unterbindet,
- sie daran hindert, das Haus zu verlassen,

- beginnt, ihre Ausgaben zu kontrollieren,
- sie im Zuge einer Trennung belästigt oder terrorisiert.

(Quelle: Bundesamt für Familie und zivilgesellschaftliche Aufgaben)

»Ich konnte nur zu einer bestimmten Freundin fahren. Der Rest meines Umfeldes weiß nichts davon. Ich bin so froh, dass ich wenigstens sie habe. Ich kann aber auch nur mit ihr darüber sprechen, weil sie Ähnliches erlebt hat. Sie versteht das«, sagte meine Patientin, und ich spürte die Scham hinter ihren Worten.

»Ich schäme mich so sehr dafür. Wie soll ich das jemandem erklären, der das nicht erlebt habt? Ich schäme mich so sehr dafür, dass ich es zugelassen habe. Immer wieder verziehen habe und jetzt schon wieder in der gleichen Situation bin. Schon wieder lasse ich mich anschreien und bedrohen und meine Wohnung zerstören. Ich schäme mich auch dafür, dass ich scheinbar aus der Vergangenheit nichts gelernt habe.«

Dass das nicht stimmte, mussten wir ausführlich erarbeiten. Sie war sogar schon so weit zu gehen, wenn es passierte, sich umgehend Unterstützung zu suchen; und auch dass sie über ihre Schamgefühle sprechen konnte, zeigte, dass sie keinesfalls in der gleichen Situation wie in ihren vorherigen Beziehungen war.

Dass sich Opfer häuslicher Gewalt schämen und sich selbst für Taten beschuldigen, ist keine Seltenheit. Oft geht dieses Narrativ mit Selbsttäuschung durch eine Rationalisierung des Täters einher. Beides sehr beliebte Strategien, um mit Ambiguität und Ungewissheit umzugehen. Um dem inneren Konflikt zwischen den schwer miteinander zu vereinbarenden Tatsachen innerhalb der Beziehung »Liebe« und »Gewalt« zu entgehen, muss eine schnelle Lösung her. Sich selbst zu beschuldigen, sich einzureden, etwas getan zu haben, um die Misshandlung zu provozieren, ist da eine häufige Wahl –

auch weil sie das Gefühl von Kontrolle und damit auch das Sicherheitsgefühl wiederherstellen kann. Häusliche Gewalt betrifft alle sozialen Schichten, und gerade wenn nach außen das Bild der »perfekten« Familie gelebt wird, überwiegt die Angst vor Statusverlust und Bloßstellung vor dem Umfeld, weshalb auch hier lieber über die Gewalt geschwiegen wird und die Schuld eher nach innen verlagert wird als dorthin, wo sie hingehört: zum Täter oder der Täterin.

Auch die Gesellschaft trägt aufgrund der Stigmatisierung und Vorurteile gegenüber Betroffenen von häuslicher Gewalt dazu bei, dass Opfer sich eher keine Hilfe suchen, sondern die erlebte Gewalt verheimlichen. Ihnen bleibt dann kaum noch etwas anderes übrig, als die inneren Konflikte über Selbstbeschuldigungen und Runterspielen der Täter in Schach zu halten.

Doch wenn man es einmal geschafft hat, aus dem Teufelskreis der Gewalt lebend auszubrechen, was schon mehr als genug Energie kostet, dann wird viel dafür getan, sich nicht noch einmal in eine derartig schwierige Situation zu begeben. Wenn es dann doch noch einmal passiert – was leider nicht gerade selten ist –, ist es umso schwerer, den inneren Konflikt auszuhalten. Denn diesmal weiß man ganz genau, dass auch ein Leben ohne Gewalt möglich ist. Dass ein Ausbruch aus dem Teufelskreis gelingen kann. Dass er viel Energie und Ressourcen kostet und gefährlich ist, aber dass es geht. Das führt zunächst zu einer Verstärkung der Selbstbeschuldigung und der Scham- und Schuldgefühle. »Schon wieder bin ich in dieser Situation. Ich hätte es diesmal besser wissen müssen. Vielleicht habe ich es nicht anders verdient.«

Diese Selbstabwertung kostet wieder Kraft und hilft keinesfalls dabei, schon wieder allen Mut zusammenzunehmen, um der gewaltvollen Partnerschaft zu entkommen.

Sicherheit durch Ambiguität

Ambiguitätstoleranz zu entwickeln, kann uns auch hier helfen, dieser Abwärtsspirale zu entkommen. Sie bedeutet aber nicht, dass wir die erlebte Gewalt tolerieren und sie zulassen sollen. Sondern sie bedeutet, dass wir die Realitäten, die gerade auseinanderklaffen, zunächst akzeptieren und uns nicht in fadenscheinige Ausreden und Rationalisierungen flüchten, um den inneren Konflikt aushalten zu können.

Das bedeutet konkret, dass zunächst akzeptiert wird, dass der Partner, der Mensch, den man liebt, auch der Mensch ist, vor dem man große Angst haben muss. Dass der Mensch, dem man so sehr vertraut, auch der Mensch ist, der dieses Vertrauen immer wieder missbraucht. Dass der Mensch, dem man aktuell am nächsten ist, auch der Mensch ist, der einem Gewalt antut. Das passiert gerade beides gleichzeitig. Parallel. »Ich liebe meinen Täter.«

Die Gleichzeitigkeit dieser Geschehnisse auszuhalten, ist nicht einfach, und das kann sie auch nicht sein. Es ist nie wichtiger als jetzt, diesen inneren Konflikt nicht sofort durch die nächste schnelle und einfache Möglichkeit lösen zu wollen, sondern sich diesen genau anzuschauen. Die Gegensätze zu betrachten. Die Gegensätze für den Moment auszuhalten, um die grausame Realität nicht zu leugnen. Ich kann das lebensbedrohliche Problem nicht lösen, wenn ich es verleugne. Mein innerer Konflikt teilt mir gerade mit, dass etwas nicht stimmt. Dass etwas so sehr nicht stimmt, dass es schwer auszuhalten ist. Das sollte mich nicht dazu bringen, die Realität zu verleugnen – auch wenn es für den Moment verführerisch ist. Sondern es sollte mich dazu bringen, die Realität zu verändern. Nicht um den Konflikt zu lösen, sondern um aus dieser lebensbedrohlichen Situation zu entkommen.

Dass dieser innere Konflikt entsteht, ist kein Zufall. Er entsteht aufgrund dessen, dass etwas in uns ins Ungleichgewicht geraten ist.

Das können unsere Bedürfnisse, Werte, Prioritäten, Bedürfnisse, Glaubenssätze, Erwartungen, Gefühle oder unsere persönlichen Grenzen sein. Wenn uns diese Dinge über uns selbst nicht bewusst sind, dann lösen sie wohl eher keinen wirklichen Konflikt in uns aus. Je bewusster uns beispielsweise unsere persönlichen Grenzen sind, umso eher spüren wir es, wenn sie verletzt werden. Das sind gute Warnzeichen, die uns helfen können, im Außen und Innen wieder zu mehr Balance zu finden. Wenn eine Grenzüberschreitung in mir nichts auslöst, ist das eher kein gutes Zeichen. Denn es sagt über mich aus, dass ich weder meine Grenzen kenne noch gut darin bin, sie zu schützen. Das ist nicht nur unachtsam von mir, sondern kann auch gefährlich werden.

Wenn bei meiner Patientin die erlebte Gewalt durch ihren Partner nicht einen Wert in ihr, eine persönliche Grenze verletzt hätte, dann hätte sie ihm wahrscheinlich den Ausbruch schnell verziehen und hätte weitergemacht wie bisher – was erfahrungsgemäß nur zu einer Zunahme der Gewalt geführt hätte.

Was bin ich bereit zu tolerieren? Was bin ich nicht (mehr) bereit zu tolerieren? Welche Grenzen habe ich? Welche meiner Grenzen sind verhandelbar, und welche sind unter keinen Umständen verhandelbar?

Ich nutze für die Verbildlichung der persönlichen Grenzen gerne das Bild eines Hauses. Der Zaun um das Haus symbolisiert dabei die persönlichen Grenzen, während das Tor die verhandelbaren persönlichen Grenzen darstellt. Einige Menschen lassen wir durch das Tor, andere wiederum nicht.

Die Haustür symbolisiert in diesem Bild den Zugang zu unserem Innersten. Unsere sehr privaten Bedürfnisse, Gefühle, Erinnerungen, Wünsche, unsere persönlichen Werte sind hinter der Eingangstür. Auch hier wählen wir sehr bewusst aus, wem wir Zugang gewähren und wem nicht. Manchmal gewähren wir Menschen

Zugang, die sich in unserem Haus nicht unseren Wünschen entsprechend benehmen oder den Zugang ausnutzen. Manche versuchen, unser Haus zu zerstören, oder handeln gewaltvoll in diesem. Einigen gewähren wir keinen Zugang, sie nehmen sich diesen einfach, indem sie die Tür eintreten. Sie übergehen unsere Grenze und verletzen damit unsere psychische und teilweise körperliche Unversehrtheit.

Wenn ich allerdings nicht weiß, was in meinem Haus zu finden ist, welche Regeln in meinem Haus gelten und wo genau mein Zaun steht, wen ich durch das Tor und wen ich durch die Haustür lasse, dann weiß ich auch nicht, wann und wie ich mich besser schützen könnte.

Ein innerer Konflikt fungiert in diesem Haus wie eine Alarmanlage, die aufgrund ganz klarer und vorher definierter Umstände anspringt. Sie springt aber nur an, wenn ich vorher festgelegt habe, ab wann und warum sie anspringen darf. Ich muss also meine Werte, Bedürfnisse und Grenzen kennen, damit ich dieses Alarmsystem für mich funktional nutzen kann. Dann kann ich es auch schätzen, es als Hilfe betrachten, statt als einen unangenehmen Zustand, der schnell behoben werden muss.

Meine Patientin musste die Spannung der Gleichzeitigkeit aushalten lernen. Sie musste lernen, dass sie diesen Mann liebte und er durchaus liebenswerte Eigenschaften hatte, aber dass er eben auch körperlich missbräuchlich war. »Wir können jemanden lieben, aber manchmal lieben wir dann doch besser aus der Ferne. Und irgendwann ist es nur noch eine Erinnerung. Jede Erinnerung verblasst mal«, sagte sie in einer der letzten Sitzungen.

Hinter ihrer Erkenntnis steckte ein monatelanger Prozess von Selbstreflexion und ein bewusstes Eintauchen in die, auf den ersten Blick, trüben Gewässer der Ambiguität. Sie entschied für sich, dass Liebe für einen Menschen nicht automatisch bedeutete, dass sie mit diesem Menschen auch eine Partnerschaft oder überhaupt irgendeine Art von Kontakt pflegen musste. Es gab Anteile in ihm, die sie liebte, und diese Liebe war sie noch nicht bereit aufzugeben. Das musste sie auch nicht, solange sie sicher war, vor den Anteilen in ihm, die ihr schadeten und gefährlich für sie waren. Sie entschied sich für einen Kontaktabbruch und für die Liebe aus der Ferne mit der Hoffnung – oder auch der leisen Gewissheit, die in ihren Worten steckte – auf das Verblassen der Liebe.

Kapitel 8

Zwischen dir und mir

»Das ist einfach so unfassbar unfair. Während ich die ganze Zeit um des Friedens willen mein Recht zurückstecke und mich zurücknehme, nimmt er sich bei nächster Gelegenheit alles, was er will. Ohne Rücksicht auf Verluste. Wir waren so viele Jahre verheiratet, und nach all den Jahren kann ich sagen, dass er der skrupelloseste Mensch ist, den ich kenne. Ich habe von Anfang an gesagt, dass ich eine streitlose Scheidung haben will und dass ich daher bereit bin, auf alles, was mir zusteht, zu verzichten. Und das ist nicht wenig. Ich habe aber gesagt, dass ich nur die Scheidung will und wir gern wechselseitig auf alle Ansprüche verzichten können, damit es so harmonisch wie möglich abläuft. Das hat er sofort angenommen. Ein paar Wochen nachdem die Scheidung durch war, hat er von mir 10 000 Euro für die Steuernachzahlung verlangt. Das ist mein Anteil – laut der Aufteilung – gewesen. Rechtlich hat er recht. Das habe ich zu zahlen. Es ging aber um ein Jahr, in dem wir noch verheiratet waren und in dem unsere Ehe noch ›intakt‹ war.«

Kurz fällt ihr eine Strähne ihres perfekt hochgesteckten Haares ins Gesicht, die sie schnell versucht wieder in die wohlgeordnete Form zu bringen. Ohne durchzuatmen, erzählt sie weiter.

»Das bedeutet, dass ich in dieser Zeit die gesamte Care-Arbeit geleistet habe, Ausfälle auf der Arbeit hatte – wegen unserer Kinder – und so gut wie alle Kosten für die Kinder übernommen habe. Auch die Versicherungsbeiträge seit der Geburt der Kinder, die Kleidung, die Spielzeuge, Medikamente und alles, was man im Leben mit Kindern halt so braucht. Haushaltsutensilien, Kleidung, Kosmetik und Gastgeschenke. Alles habe ich gezahlt. Das sind allerdings größtenteils Ausgaben, die steuerrechtlich nicht relevant sind. Er kennt sie aber. Er weiß das. Er weiß auch, dass ich auf die halbe Stelle runtergegangen bin, obwohl ich die Chance hatte, ins Topmanagement befördert zu werden. Ich habe verzichtet. Für ihn und die Kinder, während er weiterarbeiten konnte, und trotzdem ist der Großteil meines Gehalts für den Haushalt und die Kinder draufgegangen. Während er sparen und reinvestieren konnte.«

Endlich macht sie eine kurze Pause. Atmet einmal durch. So viel Anspannung. So viel Druck. Der hat sich nicht seit gestern aufgestaut. Nicht erst seit den Steuern. Ich spüre ihre Anspannung in meinem gesamten Körper. Ich sitze kerzengerade da und fasse meinen Kugelschreiber viel fester als sonst. Als könnte ich mich daran festhalten. Auch ich nehme mir einen Moment, um durchzuatmen, bevor sie weiterredet.

»Und dann verlangt er ernsthaft die 10 000 Euro von mir, nachdem ich ihm alles erlassen habe, was mir rechtlich zustand. Selbst schuld, sagte er. Hätte ich nicht machen müssen, sagte er. Ich bin fassungslos über die unglaubliche Ungerechtigkeit und Dreistigkeit. Ich bin ihm während der Scheidung entgegengekommen und dachte, dass er das jetzt bei mir auch tun würde. Dass wir uns da auf Augenhöhe begegnen und weiterhin ein gutes Team als Eltern sein können, auch wenn wir geschiedene Leute sind. Wegen 10 000 Euro hat er dieses Verhältnis zerstört. Für ihn wäre das nur eine Überweisung, denn er hat das Geld. Für mich ist das gerade eine finanzielle und existenzielle Herausforderung, die mich in Verbindlichkeiten zwingt.« Die Strähne fliegt wieder aus ihrem Haar. Sie versucht es noch ein letztes Mal und legt sie wieder hoch. Als sie wieder abfällt, gibt sie auf. Sie seufzt.

»Ich frage mich, wie dumm ich eigentlich war. Wie naiv von mir. Es schallt niemals genau so aus dem Wald raus, wie man hineinruft. Das habe ich jetzt verstanden.« Zum ersten Mal klingt sie nicht aufgebracht. Sondern tief verzweifelt. Als wäre ihre Welt zusammengebrochen. Nicht des Geldes wegen. Vielmehr aufgrund der erlebten Ungerechtigkeit. Der Unstimmigkeit von dem, was sie erwartet hatte, und dem, was sie bekommen hat.

Reziprozität

Wie man in den Wald hineinruft, so schallt es heraus, lehrt uns die Redewendung und meint damit, dass die Art und Weise, wie man sich verhält oder mit anderen interagiert, oft eine Reaktion oder Antwort hervorruft, die im Einklang mit dem eigenen Verhalten steht. Es ist eine Metapher dafür, dass das, was man ausstrahlt oder kommuniziert, oft eine entsprechende Reaktion oder Resonanz von anderen hervorruft.

What goes around, comes around. Wie du mir, so ich dir. Diese Volksweisheiten sind eng mit dem Konzept der Reziprozität verbunden. Reziprozität – damit ist die wechselseitige Beziehung oder das Prinzip des Gebens und Nehmens gemeint. In sozialen Interaktionen bedeutet dies, dass das Verhalten einer Person oft eine ähnliche Reaktion von anderen hervorruft. Wenn die Ex-Frau auf ihren Ehegattenunterhalt und den Versorgungsausgleich, der ihr zusteht, verzichtet, dann wird ihr Ex-Mann auch bei der nächsten Forderung vom Finanzamt die Care-Arbeit seiner Ex-Frau fair miteinberechnen – auch wenn er das rechtlich nicht tun müsste. Ebenso wenig, wie sie rechtlich auf ihren Unterhalt verzichten müsste. Dass er das dann aber nicht tat, machte sie fassungslos. Weil er nicht reziprok handelte. Er handelte nicht entsprechend dem Gesetz des Gebens und Nehmens, sondern eigentlich nur nach dem Prinzip des Nehmens. Das schien – bei genauerer Betrachtung der gesamten Ehe – sein typisches Verhaltensmuster zu sein. Also eigentlich nicht weiter verwunderlich. Seine Ex-Frau war dennoch zutiefst enttäuscht, da sie kurz vorher ein so großes Opfer gebracht hatte. Der Verzicht auf jegliche Unterhaltsforderung. Kaum drei Wochen später hätte er sich mit einer im Vergleich relativ »kleinen Summe« revanchieren können, doch er entschied sich dafür, das nicht zu tun. Sich nicht zu revanchieren. Weiter zu nehmen. So, wie er es immer getan hatte.

Der Wunsch oder die Erwartung von Reziprozität bezieht sich oft auf das Verhalten. Doch Menschen, die jahrelang ein bestimmtes Verhalten zeigen (wie der Ex-Mann der klassische »Nehmer« und nur selten der »Geber« war), werden kaum ihrem sonstigen Verhalten entgegenhandeln, nur weil sich das Gegenüber »gütig« verhält. Vor allem dann nicht, wenn das jahrelang die klassische Dynamik zwischen den beiden war. Die Geberin und der Nehmer. Es gibt keinen Grund für den Ex-Mann, sich plötzlich anders zu verhalten.

»Anstand, Moral, Ehre« nannte sie als Gründe. »Sind das keine Gründe, sich reziprok zu verhalten?«, fragte sie. Wenn das wichtige Werte für den Ex-Mann sind, dann ja. Dann wären das triftige Gründe. Wenn er »Anstand« aber auf seine Weise definiert, eine andere Vorstellung von moralischem oder immoralischem Verhalten hat als sie und mit dem Wort »Ehre« vielleicht gar nichts anfangen kann, dann wird er sein Verhalten nicht aufgrund dieser drei Begriffe schlagartig ändern.

Es gibt neben dem reziproken *Verhalten* auch noch die »Reziprozität der *Perspektive*«. Die bezieht sich auf die wechselseitige Interaktion und das Verständnis unterschiedlicher Standpunkte und Sichtweisen in sozialen Interaktionen. Es geht dabei darum, wie Menschen in der Lage sind, die Perspektiven anderer zu verstehen, zu respektieren und darauf zu reagieren, während sie gleichzeitig erwarten, dass ihre eigenen Perspektiven ebenfalls berücksichtigt werden. Damit ist also die »Bedingung des gegenseitigen Verstehens« gemeint.

Diese Form der Reziprozität hätte die Ex-Frau in diesem Fall vor dem finanziellen Schaden, den sie durch den Verzicht erlitten hat, bewahren können. Denn sie hätte verstanden, dass sein Verhalten auf Werten, auf Normen und auf moralischen Vorstellungen beruht, die gänzlich von ihren abweichen. Auf dieser Ebene hätten die beiden unterschiedlicher nicht sein können, was auch neben anderen Faktoren die Scheidung der Ehe zur Folge hatte.

Zu erwarten, dass er plötzlich nach der Scheidung aufgrund derselben moralischen Prinzipien wie sie handelte, obwohl er das in all den Ehejahren nie getan hatte, war wirklich naiv. Warum sollte er plötzlich nach ihrem Verständnis von Ehre und Moral handeln, wenn er das sonst nie tat? Welche Motivation sollte er, jetzt, nachdem die Scheidung durch und zu seinen Gunsten gelaufen war, haben, sein gewohntes Verhaltensmuster zu brechen und sich in ihren Augen »ehrenhafter« zu verhalten?

Das ist ein hervorragendes Beispiel dafür, dass wir die Menschen so sehen müssen, wie sie sind. Nicht so, wie sie uns erzählen, wie sie wären. Sondern so, wie sie sich verhalten. Ihr Verhalten verrät uns bereits so früh schon so viel über das, was hinter dem Verhalten stehen könnte. Denn ein Verhalten entsteht nicht einfach so. Es ist das Ergebnis einer komplexen Wechselwirkung zwischen verschiedenen Einflussfaktoren, wie biologischen, psychologischen, sozialen Faktoren, aber auch Umweltfaktoren, Entwicklungsstadien oder kulturellen Einflüssen.

Desillusionierung

Gerade Begriffe wie »Ehre« oder »Anstand« sind Konzepte, die stark von kulturellen, sozialen und individuellen Kontexten beeinflusst werden. Kaum jemand hat exakt dieselben Vorstellungen darüber, was »ehrenhaft« oder »anständig« ist wie ein anderer.

Wir sind umgeben von derartigen selbst auferlegten, künstlichen Normen, die erschaffen worden sind, um das soziale Miteinander zu regeln, die aber gleichzeitig keine klaren Bedeutungen haben und offen für Interpretations- und Deutungsspielraum sind. Und doch erzeugen diese Begriffe ein Gefühl der Kontrolle und Sicherheit, denn sie vermitteln uns, dass, solange wir uns an diese flexiblen Spielregeln halten, auch alle anderen, mit denen wir zu tun haben, es uns gleichtun werden.

Diese Illusion der Sicherheit ermöglicht uns ein Gefühl der Kontrolle. Doch ist sie nur eine Illusion, die nicht selten bei nächster Gelegenheit verpufft. So wie es diese Ex-Frau erlebt hat und dadurch lernen musste, mit dem Schock der Desillusionierung zurechtzukommen. Mit diesem Zustand, in dem ihre Illusionen, idealisierten Vorstellungen oder unrealistischen Erwartungen zerbrochen sind und (glücklicherweise) einer realistischeren, oft nüchterneren Sichtweise Platz machen. Es ist der Moment, in dem sie erkennen muss, dass etwas nicht so ist, wie sie es zunächst geglaubt hat.

Dieser desillusionierte Zustand – so hart er zunächst sein kann – ist aber ein Zustand, der von einer gewissen Ernüchterung geprägt ist, die vor weiteren Illusionen schützen kann. Dadurch kann Desillusionierung auch eine Gelegenheit für persönliches Wachstum bieten. Indem man die Realität akzeptiert und aus Enttäuschungen lernt, kann man zu einer reiferen und ausgewogeneren Sichtweise gelangen. Sie ist also nicht zwangsläufig negativ.

Nach der Desillusionierung ist es aber entscheidend, Wege zur Bewältigung zu finden. Das kann heißen, sich von unrealistischen Erwartungen zu lösen, neue Perspektiven zu entwickeln und sich auf positive Veränderungen zu konzentrieren. Das bedeutet aber auch, die Ungewissheit, die durch die Desillusionierung aufkommt, zu akzeptieren. Dabei kommt wieder die Ambiguitätstoleranz ins Spiel. Zu verstehen, dass es nicht nur eine Perspektive auf das Problem gibt und dass Menschen anders handeln, als wir erwarten. Dass sie sich eben nicht reziprok verhalten und Reziprozität keine Norm ist, an die sich alle gleichermaßen halten. Dass Gerechtigkeit nicht gänzlich durch das Gesetz geregelt wird (z. B. fehlende Berücksichtigung der Care-Arbeit in Trennungsfragen und Steuerfragen). Nur weil die Aufteilung der Steuern rechtlich korrekt ist, heißt das nicht, dass sie auch für alle Parteien gleichermaßen fair ist.

Desillusionierung fordert von uns eine Neubewertung von Überzeugungen und Annahmen. Wenn wir dafür offen sind und die Ambiguität zulassen, die damit in Verbindung steht, dann ermöglicht uns das, die Komplexität von Überzeugungen anzuerkennen und offen für verschiedene Perspektiven zu sein, ohne sofort in eine klare, eindeutige Richtung zu gehen. Dadurch sind wir vor weiteren Illusionen in dem Kontext geschützt und können beispielsweise unser Recht durchsetzen, indem wir einen anderen Weg, als wir von uns selbst gewohnt sind, einschlagen.

Im Fall der Ex-Frau führte die Ernüchterung und gewonnene Akzeptanz der Mehrdeutigkeit und Mehrperspektivität dazu, dass sie sich noch einmal mit ihrem Anwalt zusammensetzte, der einen Weg fand, die gegenseitige Verzichtserklärung anzufechten. So konnte sie folglich doch noch Unterhaltsansprüche, die ihr zustanden, erfolgreich geltend machen. Ganz entgegen ihrem gewohnten Verhalten. Anstatt zu erwarten, dass ihr Ex-Mann entgegen seinem üblichen Verhaltensmuster handeln würde, indem er sich ihrem Verhalten entsprechend reziprok verhielt, verhielt sie sich seinem Verhalten entsprechend reziprok und nahm sich, was ihr zustand. *Wie du mir, so ich dir.*

Wenn wir uns zu lange weigern, Menschen so zu sehen, wie sie sind, und nicht wie wir sie gerne hätten, dann zwingt uns das Leben manchmal dazu. Es öffnet uns die Augen, und die Enttäuschung ermöglicht das Ende der Täuschung. Nicht zwingend der Täuschung durch die andere Person, sondern vor allem auch das Ende der Selbsttäuschung.

Am Ende handelte diese Frau entgegen ihren eigenen Werten und dem, was sie sich gewünscht hatte. Sie handelte entsprechend seinem Verhalten und wehrte sich damit gegen die wahrgenommene Ungerechtigkeit. Auch wenn sie in dieser Situation aus einer Abwehrhaltung, einer Reaktanz, also einem inneren Widerstand, heraus handelte, sah sie sich in erster Linie gezwungen, sich so zu verteidigen. Denn das eigentliche Problem entstand nicht nur aus der Enttäuschung der eigenen Erwartungen, sondern auch daraus, dass sie weiterhin die Dynamik bediente. Sie stellte ihre eigenen Rechte und Bedürfnisse hintan, um die Harmonie zu wahren. Aber wäre ein Wahren der Harmonie nicht auch möglich gewesen, indem sie dennoch ihr Recht einforderte? Warum musste sie sich so stark zurücknehmen?

Kann das nicht auch parallel existieren? Harmonie und Gleichberechtigung. In ihrer Ehe war das scheinbar nicht der Fall, weshalb sie das alte Muster bediente, um bloß keinen Ärger hervorzurufen. Sie war zwar nicht mehr die »gute Frau«, aber dafür die »gute Ex-Frau«. Aber sie darf doch auch ein Mensch sein. Nur ein Mensch. Unabhängig von den Rollen, wie Mann und Frau und ihren durch die Gesellschaft zugeordneten Zuschreibungen und Bewertungen. Und als Mensch, losgelöst von diesen Kategorien, darf sie ihre Partnerwahl überdenken und verändern. Sich binden und wieder lösen und dabei ihr Recht einfordern. Ohnc dabei gut oder schlecht zu sein. Schon gar nicht, wenn diese Bewertungen nur für eine Seite gelten und nicht gleichermaßen für die andere.

Kapitel 9

Zwischen Wunsch und Realität

»Als ich da saß, in diesem italienischen Restaurant, wurde mir bewusst, dass die Stammkundschaft aus Familien bestand. Direkt neben mir, am Nachbartisch, saß so eine Familie: die jüngsten Kinder in meinem Alter, Mitte 30. Gefolgt von Tanten, Onkel, Vater, Mutter und der Oma. Der Opa war bereits verstorben, vermutete ich. Ich beobachtete diese Familie während des Abends viel zu oft und viel zu lange. Und viel zu offensichtlich. Das wurde mir erst bewusst, als sie sich beim Verlassen des Restaurants auch von mir verabschiedeten.«

Sie lachte verlegen. Frau S. war schon seit einer Weile in Behandlung, und aktuell kam sie nur noch alle vier Wochen oder wenn sie ein akutes Problem hatte. Wir hatten noch drei Sitzungen offen, bevor die Therapie zu Ende war.

»Vielleicht haben sie auch mein Bedürfnis nach genau dem gespürt, was sie verkörperten. Eine intakte, freundliche und harmonische Familie. Natürlich war mir klar, dass sie sicher auch ihre Probleme und Reibereien hatten. Aber allein schon, dass sie gemeinsam an diesem Samstagabend in dem italienischen Restaurant saßen – und ihre Interaktion mit dem Kellner verriet mir, dass sie das regelmäßig taten –, ohne sich zu streiten oder infolge einer Auseinandersetzung passiv-aggressiv anzuschweigen, das löste ein tiefes Gefühl der Trauer und Sehnsucht zugleich aus.«

Ihre anfänglich amüsierte Erzählweise bekam etwas Schweres. Sie war so traurig wie lange nicht mehr. Wir hatten lange keine so emotionsauslösende Situation mehr besprochen, fiel mir dabei auf. Doch die Trauer war nicht neu. Die kannte ich bereits.

»Sie haben da dem Gefühl einer Familie nachgetrauert?«, fragte ich.

»Ja. Mal wieder. Oh, wie gern hätte ich mich an diesen Tisch gesetzt und wäre Teil dieser Familie und ihrer Gepflogenheiten, Rituale, die sich über Jahre etabliert hatten, sowie ihrer Witze, die nur sie verstanden, gewesen. Doch ich saß da mit meinem Freund.«

Dieser stammt wie sie selbst auch aus einer zerrütteten Familie, weswegen die beiden sich beim Anblick der Bilderbuchfamilie wahrscheinlich ähnlich verloren und sehnsüchtig gefühlt haben müssen.

»Mir wurde da noch mal richtig bewusst, dass wir uns dieses Gefühl von einer guten Familie nie würden geben können. Man sagt doch, dass man mit einer Schwiegerfamilie eine zweite Chance auf eine Familie hätte. Eine zweite Chance auf eine Mutter und einen Vater, auf Geschwister. Leider hat man auch die zweite Chance auf erneutes Leid …«, sagte sie traurig und entschlossen zugleich. Als wäre das nun eine Wahrheit, an der nicht mehr zu rütteln war. Die sie akzeptieren musste. Diese Bilderbuchfamilie zwang sie dazu. Mit ihrer perfekten glücklichen Ausstrahlung. Frau S. schien in einer Art radikalen Akzeptanz zu sein.

»Er ist jetzt meine Familie. Wir nennen uns jetzt so. Eine Familie«, sagte sie immer entschlossener. Mir war aber noch nicht klar, ob sie wirklich überzeugt davon war oder ob sie hoffte, dass, wenn sie es nur oft und laut genug sagte, es auch so sein würde.

»Auch wenn keiner von uns das kompensieren kann oder sollte, was ein stolzer Vater, eine fürsorgliche Mutter oder eine liebende Oma uns geben könnte, was eine unterstützende Tante und ein lustiger Onkel, so haben wir doch uns. Ich hätte ihn nicht aufgegeben, um am anderen Tisch zu sitzen. Aber der Wunsch nach so einer Familie blieb. Und wird wahrscheinlich immer bleiben. Aber ich lerne jeden Tag ein wenig mehr, damit zu leben, dass nicht alle Wünsche in Erfüllung gehen und dass das okay ist.«

Diese Akzeptanz klang ehrlicher. Mehr nach ihr. Weniger nach Bewältigungsversuch. Und ich war so stolz auf sie und so dankbar, dass sie diesen Erkenntnisweg und das innerliche Ringen mit mir teilte.

Zu sehen, was sein könnte, kann mitunter schwieriger zu ertragen sein, als zu sehen, was fehlt. Das, was ihr fehlte – ein Leben lang –, war eine Familie. Eine harmonische, intakte, liebende, fürsorgliche und unterstützende Familie. Dieses Netz, von dem man sicher ist, dass es einen auffängt, wenn man fällt. Sie kannte es nicht. Für sie war stets klar: *Wenn ich falle, dann falle ich. Da ist nichts, was mich auffängt.* Also darf ich nicht fallen. Sie lebte seit über 30 Jahren damit. Doch als sie sah, was möglich wäre und wie es sich anfühlen könnte, wenn es da wäre, als sie sich bei diesem Gedanken und dem Tagtraum erwischte, ein Teil dieser Familie sein zu können, spürte sie nicht nur den gewohnten Zustand der Trauer über ihre dysfunktionale Familie. Sondern sie spürte den Zustand des »Was wäre, wenn«. Das, was möglich wäre, wenn sie eine intakte Familie hätte.

Die Akzeptanz der Unvollkommenheit

»Die Oma stand einmal auf, um auf die Toilette zu gehen. Und als sie aufstand, ging sie an ihrer Enkelin vorbei, die um die 30 Jahre alt war und ihr die ganze Zeit gegenübersaß. Sie hielt kurz an und legte beide Hände auf ihre Wangen. Dabei flüsterte sie ihr irgendwas ins Ohr. Dem Gesichtsausdruck der Enkelin zufolge, war es etwas Schönes.« Frau S. strahlte, und durch dieses Strahlen konnte ich dieses Gefühl, was die Oma ihrer Enkelin entgegenbrachte, spüren.

»Dieser Moment dauerte vielleicht nur drei Sekunden, aber ich glaube, ich werde ihn nie vergessen. Ich werde nie vergessen, was das in mir auslöste. Mir fiel auf, dass ich mir das Gefühl vorstellen konnte, aber noch nie erlebt hatte. Noch nie hat eine mütterliche Figur mich so berührt und mir liebevolle Worte ins Ohr geflüstert, einfach nur so. Ganz beiläufig, während sie auf dem Weg zur Toilette war. Das war das Liebevollste, was ich jemals beobachtet hatte. Und ich hoffte, dass die Enkelin das wusste. Dass sie dankbar dafür war. Dass ihr klar war, was sie da für ein großes Glück hatte. Am liebsten hätte ich ihr das gesagt.«

Dankbarkeit. Für die Enkelin war das sicher eine gewohnte Situation und damit Alltag, der nun mal mit einem gewissen Selbstverständnis angenommen wird. Ich bezweifle, dass sie in dem Moment tiefe Dankbarkeit für ihr großes Glück einer harmonischen Familie gespürt hat – zumal wir die Familie ja auch nicht wirklich kennen, sondern nur eine Momentaufnahme mit viel eigener Projektion beobachtet wurde. Doch an dem Wort Dankbarkeit blieb ich in dieser Unterhaltung hängen.

Wir fordern so oft von uns selbst und von anderen, dankbar zu sein. Und das auch gar nicht zu Unrecht, denn Dankbarkeit hat nachweisbare Auswirkungen auf das psychische Wohlbefinden und die zwischenmenschlichen Beziehungen. Zahlreiche Studien haben gezeigt, dass die Praxis der Dankbarkeit mit verschiedenen positiven Effekten verbunden ist, wie eine erhöhte Resilienz und Stresstoleranz.

Doch Dankbarkeit kann auch den gegenteiligen Effekt haben, wenn sie in einer ungesunden Form praktiziert wird oder wenn sie mit bestimmten Dynamiken oder Erwartungen verbunden ist. Etwa wenn Menschen dazu gedrängt werden, dankbar zu sein, obwohl sie tief im Inneren negative Emotionen oder Unzufriedenheit empfinden. Wenn sie sich verpflichtet fühlen, dankbar sein zu müssen, obwohl sie es eigentlich nicht sind oder sein wollen, weil sie eine andere Perspektive auf das Geschehen haben.

Auch hier ist eine gewisse Toleranz für Ambiguität erforderlich, um Dankbarkeit authentisch und gesund praktizieren zu können. Dankbar für das »große Ganze« zu sein, wie für das Leben oder Personen, ist wenig authentisch und damit kaum hilfreich. Denn da spüre ich das echte Gefühl der tiefen Dankbarkeit nicht und kann dementsprechend auch nicht von den positiven Effekten für das psychische Wohlbefinden profitieren. Wenn ich es aber schaffe, die Nuancen zu sehen, das Dazwischen, und ein Verständnis für Menschen und ihre unterschiedlichen Motive, Handlungen und Bedürfnisse habe, dann kann ich sie als das sehen, was sie sind, und damit ein realistisches Bild von ihnen für mich zeichnen. Dadurch kann ich für bestimmte Aspekte, die dieser Mensch in meinem Leben berührt, dankbar sein.

Die Enkelin könnte beispielsweise dankbar dafür sein, dass ihre Oma so liebevolle Gesten ihr gegenüber zeigt, während sie zeitgleich nicht dafür dankbar sein kann, dass sich ihre Oma auch immer wieder in persönliche Entscheidungen von ihr einmischt. Menschen sind keine Computer und wurden auch nicht von einem Computer generiert. Das heißt, sie sind nicht 0 oder 1. Sie sind alles zwischen 0 und 1. Was das ist, können wir nicht pauschal sagen, und selbst wenn wir es einmal zu wissen glauben, weil wir sie kennengelernt haben, so kann sich dieses Wissen auch wieder drastisch verändern, da die Identität ein Prozess ist, der sich entwickelt, fortwährend andauert und sich immer wieder ändern kann.

Veränderungen, Entwicklungen und Anpassungen sind ein natürlicher Bestandteil des Lebens. Ambiguität und Widersprüche sind Teil des Lebens und werden in diesen Prozess integriert werden müssen. Zwingend notwendig für dieses Verständnis ist dafür aber die Akzeptanz von Unvollkommenheit. Die Bereitschaft, mit den Unklarheiten und Unsicherheiten, die mit der Identitätsentwicklung und des Lebens allgemein einhergehen, umzugehen.

Die Akzeptanz der Unvollkommenheit ermutigt dazu, den Prozess zu schätzen und nicht zwanghaft nach einer festen, vollständig definierten Identität oder vorgegebenen Struktur zu suchen. Sie ermöglicht uns, uns selbst und andere in ihrer Menschlichkeit anzunehmen und eine gesündere Einstellung zu den Höhen und Tiefen des Lebens zu entwickeln.

Die Frau mit dem sehnlichsten Wunsch nach einer Familie erkannte dieses tiefe Bedürfnis erst, nachdem sie sah und fühlte, wie es sein könnte, wenn es gegeben wäre. Vorher war sie den Zustand der Unvollkommenheit gewohnt. Sie akzeptierte diesen Zustand der fehlenden Familie als normalen Teil ihres Lebens und ging damit durch die Welt. Erst als sie spürte und vor ihren Augen sah, was genau ihr fehlte, die kleinen Interaktionen mit einer liebevollen Oma, die Samstagabende beim Italiener um die Ecke und das Netz, was jederzeit gespannt und bereit war, sie aufzufangen, spürte sie die tiefe Trauer, die mit der Realisierung der Unvollkommenheit häufig einhergeht. Und das ist nur nachvollziehbar und verständlich. Doch sie fand, nachdem die Gefühle ihren Raum bekamen und gefühlt werden durften, zurück zur Akzeptanz dessen, was war. Sie definierte das, was sie hatte, neu und nannte es »Familie«. Sie akzeptierte auch realistisch das, was ihre Form der Familie ihr nicht geben konnte, statt nun unerfüllbare Erwartungen an diese Familie zu stellen.

Die Überwindung der egozentrischen Perspektive

»Im Laufe des Abends hörte ich immer wieder mit einem Ohr die Gespräche am Tisch der Familie mit. Ich wollte wissen, worüber sie sprachen, was sie beschäftigte und worüber sie lachten. Was mir aber erst viel später auffiel, war, dass die beiden Mitte 30-jährigen Enkelinnen immer wieder von der Familie liebevoll geneckt wurden. Dafür, dass sie keinen Partner hatten und unverheiratet waren. Ich glaube, das war sehr unangenehm für die beiden. In dem

Moment sah ich das als normale Neckerei. Jetzt frage ich mich, ob sie nicht auch immer wieder zu mir geschaut haben, weil ich dort an dem Nachbartisch das verkörpert habe, was ihnen fehlte. Eine romantische, liebevolle Zweisamkeit mit meinem Partner. Einen Mann an meiner Seite, der mich verliebt ansah und mein Glas füllte, wenn es leer getrunken war. Der mir von seinem Essen genau die Dinge abgab, von denen er wusste, dass ich sie mochte. Der immer wieder liebevoll meine Hand nahm und meinen Unterarm zärtlich streichelte. Ich sah das alles in dem Moment nicht, weil ich nur die Familie im Blick hatte. Aber ich glaube, den beiden jungen Frau ging es da ganz genauso. Sie sahen ihr Glück nicht, weil sie mein Glück im Blick hatten. Und so verbrachten wir drei wohl den Samstagabend damit, uns nach dem Glück der jeweils anderen zu sehnen.«

Ambiguitätstoleranz bedeutet auch, offen zu sein für unterschiedliche Lebensrealitäten und anzuerkennen, dass es mehr als eine Perspektive gibt. Anzuerkennen, dass wir allein nicht der Nabel der Welt sind, sondern dass andere Menschen zeitgleich mit uns existieren und dass dieses Leben auch für diese Menschen das erste Leben ist. Dass wir alle auf so unterschiedliche und doch wieder auf so ähnliche Weise leiden und glücklich sind. Dass wir Höhen und Tiefen haben und dass das Gras auf der anderen Seite grüner wirkt, weil der Einfall von Licht und Schatten aus der Perspektive ein anderer ist.

Die egozentrische Perspektive führt nicht selten zu dem Trugschluss, dass alles genau so ist, wie wir es sehen und wahrnehmen. Dass alle anderen aus einem anderen Blickwinkel sehen – also tatsächlich physisch aus einem anderen Blickwinkel sehen –, müssen wir uns dabei immer wieder aktiv ins Gedächtnis rufen und uns aktiv bewegen, um von einem anderen Standort aus zu beobachten. Im echten und im übertragenen Sinne. Andernfalls kann das ein begrenztes Verständnis für die Vielfalt von Lebenserfahrungen zur Folge haben, was dazu führen kann, dass Menschen automatisch davon ausgehen, dass ihre eigenen Überzeugungen und Werte universell gültig sind, ohne die Differenzen anderer zu berücksichtigen. Die Überwindung der egozentrischen Perspektive erfordert Arbeit an der Selbstreflexion, Empathieentwicklung und ein Bewusstsein für die Vielfalt der menschlichen Erfahrungen. Sie erfordert also Ambiguitätstoleranz.

Kapitel 10

Zwischen Lebensrealitäten

»Seit meiner Jugend bin ich in Hooligan-Kreisen unterwegs. Ich bin irgendwann durch einen Freund da reingeraten und habe nie ganz rausgefunden. Es ist nicht so, als würde ich es nicht ›schaffen‹, da rauszukommen. Ich will gar nicht. Menschen haben mit Hooligans immer eine sehr negative Assoziation. Aber für mich ist das ›Familie‹. Das sind meine Brüder. Wenn wir zusammen auf dem Acker sind und gegnerischen Hooligans die Köpfe eintreten, fühle ich mich verbunden mit meinen Brüdern. Das ist Gewalt nach Absprache und mit Konsens. Alle, die auf dem Acker sind, wissen, warum sie da sind und was gleich passieren wird. Ich bin nur noch selten dabei, aber wenn, dann genieße ich es richtig. Ich verfalle da regelrecht in einen Blutrausch und habe das Gefühl, danach das Leben wieder neu schätzen zu können.«

»Ich bin Sozialarbeiter und Anti-Gewalt-Trainer. Ich arbeite mit Jugendlichen zusammen, die schon mehrfach straffällig wurden und gewalttätig auffielen. Wir arbeiten an der Impulskontrolle, an der Kommunikation und Selbstregulation. Sodass sie lernen, für sich selbst einzustehen und sich zu verteidigen – aber ohne körperliche oder emotionale Gewalt anzuwenden. Das macht mir unglaublich viel Spaß, und ich fühle mich so erfüllt durch diesen Job. Auch wenn er nicht so gut bezahlt ist, kann ich mir nicht vorstellen, den Job zu wechseln. Auch wegen der Kids nicht. Ich würde sie nicht einfach im Stich lassen wollen.«

Das sind zwei unterschiedliche Positionen, doch sie haben etwas gemeinsam: Sie thematisieren Gewalt – auf die eine oder andere Art –, und die Aussagen stammen von ein und derselben Person.

Herr P. ist ein großer Mann mittleren Alters, der nicht sehr sportlich aussieht, aber dennoch sehr kräftig wirkt. Dabei aber nicht einschüchternd kräftig, sondern eher Halt gebend und Sicherheit spendend. Eigentlich war er wegen einer Panikstörung in Behandlung, doch es zeichnete sich noch ein anderes Thema ab, das wir uns anschauten.

Herr P. arbeitet im pädagogischen Bereich, unter anderem als Anti-Gewalt-Trainer. Außerdem ist er seit seiner Jugend bekennender Hooligan und trifft sich mit gegnerischen Teams – meist in abgelegenen Wäldern – zu sogenannten »Ackermatches«. Auf dem »Acker« findet dann abseits des Fußballstadions ein brutales Kräftemessen statt. Für Herrn P., den Anti-Gewalt-Trainer, der hauptberuflich Jugendlichen Strategien für den konstruktiven Umgang mit Wut und Konflikten nahebringt, eine gemeinsame, verbindende Aktivität mit seinen »Brüdern«.

Als er mir das erzählte, merkte ich, wie eine Unsicherheit oder besser gesagt eine Verwirrung in mir aufkam. Ich konnte ihn nicht mehr genau einordnen. Bis zu dieser Information hatte ich ihn als überzeugten Pädagogen mit kühlem Kopf und klarer Haltung zu Gewalt erlebt. Ihn mir auf dem Acker gemeinsam mit anderen Hooligans, die dem Blutrausch verfallen, vorzustellen, fiel mir schwer. Wie er immer wieder auf einen Schädel einschlägt, bis er das laute Knackgeräusch des Kiefers hört. Wie er sich aus dem Schwitzkasten eines gegnerischen Hooligans, der seinen Kopf vor lauter Sauerstoffmangel schon blau anlaufen lässt, befreit, indem er dem Gegner mit mehreren Fingern, so fest er kann, in die Augen drückt, bis diese blutunterlaufen sind. Wie er nach so einem Kampf mit dreckiger und zerrissener Kleidung nach Hause geht, zurück in die Normalität. Und wie er die Schmerzen – dank des noch nicht ganz abgefallenen Adrenalins – dabei gar nicht spürt.

Ich habe viel Fantasie und eine große bildliche Vorstellungskraft, und die half mir, eben diese Bilder zu sehen. Aber ich konnte sie nur mit einem anderen, mir völlig fremden Menschen sehen. Nicht mit Herrn P. als Hauptdarsteller in diesem Kopfkino.

Ich merkte, wie ich mir Hypothesen überlegte, die beide Seiten des Herrn P. miteinander verknüpfen konnten. Die eine Brücke bauten. Wie zum Beispiel die Katharsis-Hypothese, die der Argumentation folgt, dass das Auslassen von Wut und Aggression zu einer Entladung führen würde und damit zu innerer Ruhe. Die Gefühle, die ausgelassen statt aufgestaut werden, könnten also zu mehr innerer Ruhe und Stabilität führen. Herr P. nutzte die Ackermatches möglicherweise für diesen Zweck. Das würde in das Bild des Anti-Gewalt-Trainers doch irgendwie passen, oder nicht? Vielleicht glaubte er, es machte ihn zu einem »besseren« Pädagogen, wenn er seine Wut in einem geregelten Rahmen ausließ.

Die Katharsis-Hypothese steht allerdings unter großer Kritik in der Wissenschaft und gilt als widerlegt. Studien haben herausgefunden, dass das unkontrollierte Auslassen von Aggression diese sogar weiter erhöht, als dass der gewünschte Effekt der beruhigenden Entladung eintrifft. Es könnte doch aber sein, dass Herr P. davon überzeugt ist, dass es ihm hilft, und er eine Brücke für sich gefunden hat, mit Aggression umzugehen.

»Es gibt keine Brücke. Ich halte das eine vollständig getrennt vom anderen. Es muss keine Verbindung und keinen Übergang geben. Ich erzähle meinen Jugendlichen auch nicht, wie gern ich mich auf dem Acker schlage. Und ich spreche mit meinen Hooligan-Freunden nicht über Anti-Gewalt-Strategien. Beides sind Teile von mir, die in mir unabhängig voneinander stattfinden und existieren. Ich dachte, ich müsste mich entscheiden – für eine der beiden Seiten. Nachdem ich mit dem Pädagogikstudium fertig war, dachte ich, dass jetzt der Zeitpunkt gekommen sei, den Hooligans den Rücken zu kehren. Ich wendete mich eine Zeit lang ab, entschuldigte mich mit zu viel Arbeit oder gesundheitlichen Problemen. Ich merkte aber immer wieder, wie sehr mir das fehlte. Wie sehr mir die Jungs, die Gemeinschaft und dieser Reiz fehlten, nicht zu wissen, ob ich diesen Kampf als körperlich gesunder Mensch verlassen werde. Nichts anderes konnte mir diesen Gefühlscocktail bisher bieten, und ich habe wirklich viel ausprobiert. Mittlerweile habe ich es akzeptiert als zwei Teile von mir, die nicht wirklich vereinbar sind. Es wäre nicht ehrlich zu sagen, dass ich nur deswegen weiterhin Hooligan bin, weil ich dadurch die Kids besser verstehen könnte. Ich kann sie zwar viel besser verstehen, nehme ich zumindest an. Aber ich müsste dafür nicht weiterhin auf dem Acker sein. Ich habe genug Erfahrung mit der Ausübung von Gewalt. Ich bin auch keine tickende Zeitbombe, die unbedingt ein Ventil für die eigene Aggression braucht. Ich spüre nicht viel Aggression in mir. Und trotzdem kann ich sie aktivieren und auf dem Acker für mich und das Team nutzen.«

Immer wieder spürte ich den Drang in mir, ein kohärentes Bild von Herrn P. zu finden. Doch er hatte für sich beschlossen, dass es keine Brücke brauchte. Er hatte stattdessen eine klare Grenze zwischen diesen beiden Seiten in sich gezogen und kam mit dem Sprung über die Mauer gut zurecht. Er wollte diese Anteile nicht miteinander verbinden und keine fadenscheinigen Erklärungen finden, die nachvollziehbar machen mussten, warum er denn das eine tat, während er das andere predigte. Er hielt die Gleichzeitigkeit, die Parallelität, in sich und außerhalb von sich aus. Zumindest schien das so.

Allerdings war das kein Prozess, der von heute auf morgen durchlaufen und erfolgreich abgeschlossen war. Herr P. kämpfte jahrelang mit den inneren Konflikten, die diese beiden scheinbar widersprüchlichen Lebensweisen und Bedürfnisse in ihm auslösten. Und er löste die Spannung mit einer radikalen Akzeptanz, dass diese beiden Anteile in ihm nicht vereinbar waren und trotzdem jeder für sich ausgelebt werden konnte.

Wenn wir Carl Gustav Jung folgen, dann ist ein innerer Konflikt, der unlösbar scheint, aber genau das, was wir brauchen, um uns weiterzuentwickeln. Denn Jung argumentierte, dass wir von Natur aus einen inneren Drang zur Selbstverwirklichung haben, der uns dazu antreibt, unser volles Potenzial zu entfalten. Diesen Prozess der Selbstentfaltung nannte Jung »Individuation«.

Ein zentraler Aspekt der Individuation ist die bewusste Auseinandersetzung mit den sogenannten »Schatten«-Anteilen, den unbewussten und oft verdrängten Aspekten der Persönlichkeit. Diese Schatten beinhalten auch verborgene, unliebsame und widersprüchliche Seiten unseres Selbst, die wir nicht akzeptieren (wollen).

Für Herrn P. war das lange sein Bedürfnis nach aktiver Gewalt, nach dem Blutrausch. Er versuchte, dieses Bedürfnis immer wieder erfolglos zu verdrängen oder es durch andere Tätigkeiten zu ersetzen. Doch alle Versuche scheiterten auf lange Sicht.

Die Individuation erfordert die Integration dieser Schattenaspekte und die Fähigkeit, gegensätzliche Kräfte in uns und Widersprüche in der Persönlichkeit zu akzeptieren und zu integrieren. Dieser Prozess der Transzendenz ermöglicht es, Ambiguität und Polaritäten zu überwinden, um zu einer umfassenderen Sicht auf das Selbst zu gelangen. Vor allem auch auf eine ehrliche und realistische Sicht des Selbst. Das hat Herr P. aber nur bedingt erreicht, denn einerseits lernte er zwar, diese unterschiedlichen Bedürfnisse zu akzeptieren und in einem mittlerweile begrenzten Rahmen auszuleben. Andererseits ist die Integration nicht gelungen, stattdessen verstärkte er die Unvereinbarkeit dieser beiden Bereiche durch eine klare und strikte Trennung.

Ist die Lösung also, dass man all seinen Bedürfnissen nachgehen sollte und sie klar voneinander trennen muss, damit der Konflikt gelöst wird? Ist es in Ordnung, dass Herr P. eine Art »Doppelleben« in Hinsicht auf das Thema Gewalt führt, oder sollte er sich konsequent für eine Seite entscheiden (müssen)?

Das Problem ist nicht die Antwort, sondern die Frage. Die moralische Überheblichkeit, die in der Frage mitschwingt. Das Urteil, das vom Fragenden schon gefällt wurde und bei dem die Frage nur als Aufhänger dient, um es endlich fällen zu können. Den Richter endlich sprechen lassen zu können.

Es obliegt nicht mir, über die Inhalte, die Menschen mir erzählen, zu richten. Im Gegenteil. Ein zentraler Aspekt meiner Aufgabe besteht darin, nicht zu richten. Die Moral dahinter interessiert mich als Psychotherapeutin nicht. Das Dilemma, das durch moralische Konflikte ausgelöst wird, schon. Wenn Herr P. aber keinen moralischen Konflikt in seinem Leben sieht beziehungsweise diesen so weit aushalten kann, dass er nicht darunter leidet, dann gibt es an der Stelle für mich nichts weiter zu tun.

Anders verhält es sich außerhalb des Therapiezimmers in gesamtgesellschaftlichen, politischen Bereichen, in denen wir alle eine Stimme haben und diese nutzen sollten. Bei jedem anderen Thema wäre das einfacher nachvollziehbar, aber gerade diese Thematik berührt nicht nur persönliche, sondern auch (berufs-)ethische und sogar politische Gesichtspunkte.

Und in diesem Kontext stellt sich schon die Frage, inwiefern diese zwei Seiten von Herrn P. vereinbar sind. Darf ein Mensch, der sich mit anderen teils radikalisierten Menschen trifft, um sich gegenseitig blutig zu schlagen, auch mit Jugendlichen zusammenarbeiten, um sie in Sachen Anti-Gewalt zu unterrichten? Wie authentisch kann er dabei sein? Und gibt es nicht immer noch das Risiko, dass die Jugendlichen auf die ein oder andere Weise von seinem »Hobby« erfahren könnten und dann entweder enttäuscht von ihrem Vorbild sind oder seinem Vorbild folgen? Muss er sich hier nicht für die eine oder andere Seite entscheiden? Nicht selten kollidieren private und berufliche Ideologien, und wir müssen abwägen, inwiefern wir diese in uns vereinbaren können.

Wie ist das zum Beispiel mit Polizeibeamten, die privat rechtsradikal beziehungsweise sogar rechtsextremistisch sind? Kann man diese teilweise verfassungsfeindliche Ideologie von ihrem Beruf als Staatsdiener trennen? Von dem Beruf in dem Staat, dessen Verfassung er schützen sollte, statt durch seine private Ideologie eine Gefahr für diese Verfassung darzustellen.

Die Lösung kann hier nicht sein, alles nebeneinanderstehen zu lassen und im Sinne der Ambiguitätstoleranz alles zu dulden. Das wäre ein Missbrauch der Ambiguitätstoleranz zum eigenen Zweck.

Grenzen der Ambiguitätstoleranz

Es gibt Situationen und Umstände im Leben, da müssen wir uns entscheiden und ganz klar eine Seite wählen. Da müssen wir zwischen gegebenen Optionen abwägen, und da müssen wir uns – trotz innerer Konflikte, gegensätzlicher Bedürfnisse und unterschiedlicher Motive – positionieren. Denn wie jede Tugend hat auch die Ambiguitätstoleranz ihre Grenzen.

Diese Grenzen können sich in verschiedenen Bereichen zeigen. Ein zentraler Aspekt ist dabei die Gefahr von Gleichgültigkeit oder Passivität. Eine zu hohe Ambiguitätstoleranz, die wenig reflektiert stattfindet, sondern als bloße Tugend angenommen wird, kann dazu führen, dass Menschen in einer Welt voller Ungewissheit resignieren und keine klaren Positionen mehr beziehen. Die Bereitschaft, sich in einem Nebel der Unklarheit zu verlieren, birgt immer auch das Risiko, sich von wichtigen Prinzipien und Werten zu distanzieren. Ein Beispiel dafür zeigt sich in politischen oder sozialen Fragen, in denen wir uns nicht einfach zurücklehnen können, sondern aktiv Position beziehen müssen. Nehmen wir zum Beispiel das Thema Umweltschutz. Angesichts der drängenden Herausforderungen des Klimawandels und der Umweltzerstörung können wir nicht einfach indifferent bleiben und uns in einem Nebel der Ambiguität verlieren.

Denn das führt nicht selten dazu, dass wir uns nicht entschieden genug für den Schutz unserer Umwelt einsetzen, sondern wichtige Prinzipien wie Nachhaltigkeit und Ressourcenschonung vernachlässigen. In diesem Zustand der Passivität ergreifen wir keine konkreten Maßnahmen, um den negativen Auswirkungen auf unseren Planeten entgegenzuwirken.

Eine weitere Grenze liegt in der potenziellen Verharmlosung von Gefahren. Wenn Ambiguitätstoleranz zu weit geht, könnte sie dazu führen, dass Warnsignale und Bedrohungen heruntergespielt werden. Eine zu große Bereitschaft, Unsicherheiten zu akzeptieren, könnte in gefährlichen Situationen zu einer unangebrachten Gelassenheit führen. Klar ist es gut, einen »kühlen Kopf« zu bewahren, aber reale Bedrohungen herunterzuspielen und sie als mehrdeutige Situationen zu akzeptieren, die nicht sofort als gefährlich oder ungefährlich bewertet werden müssen, wäre eine unangebrachte Toleranz und Akzeptanz, die schlimmstenfalls zu unterlassener Hilfeleistung führen kann.

Während des Studiums absolvierte ich ein Praktikum in einer forensischen Psychiatrie – also einer psychiatrischen Einrichtung für Menschen mit psychischen Erkrankungen, die strafrechtlich relevantes Verhalten gezeigt haben und verurteilt worden sind. Die Mitarbeitenden hatten zu ihrer eigenen Sicherheit einen Pieper, den man am Hosenbund oder am Gürtel befestigen konnte. Manchmal wurden Fehlalarme ausgelöst, weil jemand versehentlich gegen den Notfallknopf gekommen war oder der Pieper runtergefallen ist. Die eindeutige Regel im Sicherheitssystem hieß aber: Wenn es piept, muss sofort nachgeschaut werden, ob die betreffende Person sicher ist. Nach dieser Regel muss bei jedem Piepen mindestens eine Person im Raum sofort aufstehen und nachsehen. Ich hielt die Regel für sinnvoll, denn sie gab schließlich auch mir das Gefühl von Sicherheit in dieser neuen, nicht ganz ungefährlichen Umgebung. Jedes Mal, wenn der Alarm losging, sprang ich also sofort auf – in der Erwartung, dass das jetzt alle tun würden. Doch bei den meisten Mitarbeitenden hat sich eine gewisse Gewöhnung an das piepende Geräusch eingestellt, denn es ist häufig zu Fehlalarmen gekommen. Sie waren also immer ganz umsonst aufgesprungen und durch die tristen Korridore gelaufen. Sie hatten aufgrund dieser Erfahrungen eine gewisse Ambiguität entwickelt, denn sie wussten: Das Piepen bedeutet nicht immer Gefahr. In den allermeisten Fällen piept es nur aus Versehen. Der Alarm war für sie jetzt mehrdeutig interpretierbar, und die Interpretation »Fehlalarm« war nicht nur wahrscheinlicher, sondern auch bequemer. Und gefühlt sicherer. Doch langfristig auf Kosten der tatsächlichen Sicherheit, denn wenn ein Sicherheitssystem, in dem die einzige und wichtigste Regel darin besteht, dass sofort nachgeschaut wird, wenn der Alarm ausgelöst wird, zu einer Regel mit Interpretationsspielraum wird, dann ist das Sicherheitssystem hinfällig. Hier darf es keinen Spielraum, der Ungewissheit zulässt, geben. Hier muss gehandelt werden. Immer. Auch wenn es sich – glücklicherweise – in den meisten Fällen um einen Fehlalarm handelt.

In zwischenmenschlichen Beziehungen kann eine übermäßige Ambiguitätstoleranz zu Kompromissen führen, die auf Kosten von klaren moralischen Standpunkten gehen. Wenn man sich zu sehr bemüht, jede Perspektive zu verstehen, könnte dies dazu führen, dass man Kompromisse eingeht, die im Widerspruch zu den eigenen ethischen Überzeugungen stehen, oder zur Selbstaufgabe. Ambiguitätstoleranz meint nämlich nicht, immer alle Standpunkte anzunehmen und zu integrieren, sondern sie zunächst zuzulassen und zu tolerieren. Ich muss sie aber nicht annehmen und meinen eigenen Standpunkt verwerfen. Ich kann »ich« bleiben und das »Du« tolerieren. Weder müssen beide zu einer Symbiose verschmelzen, noch sollten unterschiedliche Sichtweisen im ständigen Kampf miteinander stehen müssen.

Angenommen, Person A praktiziert eine bestimmte Religion, während Person B einer anderen Religion angehört oder nicht religiös ist. Person A, die eine hohe Ambiguitätstoleranz aufweist, ist bestrebt, die religiöse Perspektive ihres Partners (Person B) vollständig zu verstehen und zu akzeptieren. Sie ist offen für Diskussionen und Kompromisse, um eine harmonische Beziehung aufrechtzuerhalten. Person B hingegen ist stark mit ihrer eigenen religiösen Identität verbunden und erwartet, dass Person A ihre religiösen Überzeugungen vollständig annimmt und praktiziert.

Aufgrund ihrer Ambiguitätstoleranz und ihres Wunsches, Konflikte zu vermeiden, könnte Person A dazu neigen, ihre eigenen religiösen Überzeugungen zu vernachlässigen und sich den religiösen Praktiken von Person B anzupassen. Sie könnte Kompromisse eingehen, die im Widerspruch zu ihren eigenen religiösen Überzeugungen stehen, oder sogar ihre eigene religiöse Identität aufgeben, um die Beziehung intakt zu halten.

In diesem Beispiel führt die übermäßige Ambiguitätstoleranz von Person A zu einem Kompromiss, der ihre religiöse Identität beeinträchtigt und zu einem Ungleichgewicht in der Partnerschaft führt. Es besteht die Gefahr, dass Person A ihre spirituelle und religiöse Autonomie opfert, um den Erwartungen von Person B gerecht zu werden, was langfristig zu Unzufriedenheit und Spannungen in der Beziehung führen kann.

Ambiguitätstoleranz bedeutet hier nicht, die eigenen religiösen Überzeugungen zu verleugnen oder aufzugeben. Stattdessen sollten beide Partner in der Lage sein, ihre individuellen Überzeugungen zu respektieren und eine Balance zwischen Toleranz und Selbstachtung zu finden, um eine gesunde und respektvolle Partnerschaft aufzubauen.

In der Politik könnte zu viel Ambiguitätstoleranz und der daraus resultierende Versuch, alle Seiten zu verstehen, zu einem Mangel an klaren Entscheidungen und Handlungen führen. Dies könnte in einer Welt, die oft nach klaren Führungspersönlichkeiten sucht, als Schwäche wahrgenommen werden, die dann zur Ablehnung einer Politikerin oder eines Politikers führt, die im Grunde alle Kompetenzen und Fähigkeiten für eine gute Führungsperson mitbringt. Das richtige Maß ist entscheidend.

Insgesamt zeigt sich, dass Ambiguitätstoleranz – obwohl grundsätzlich positiv – ihre Grenzen hat. Die Kunst besteht darin, eine ausgewogene Toleranz für Unsicherheiten zu entwickeln, ohne dabei in Gleichgültigkeit, Verharmlosung oder moralischen Relativismus abzugleiten. Es geht darum, die Fähigkeit zu bewahren, in einer unsicheren Welt klare Werte und Überzeugungen zu vertreten, ohne dabei die Vielfalt und Komplexität der Realität zu ignorieren.

Was Herrn P. angeht, wurde die strikte Trennung seiner beiden Lebensrealitäten ein immer größer werdender Kraftakt. Die Trennung seiner Lebensrealitäten war so gut wie perfektioniert: Er hatte einen speziellen Messenger auf seinem Handy, der nur für Kommunikation in Hooligan-Kontexten genutzt wurde. Er wurde innerhalb der Szene nur mit Spitznamen angesprochen, vermied konsequent Stadtteile, in denen es Berührungspunkte mit der Fußballszene geben könnte, wenn er in seinem beruflichen Kontext unterwegs war. Geburtstage, wo sich Kolleginnen und Kollegen und seine »Brüder« begegnen könnten, feierte Herr P. genau aus diesem Grund nicht. Die beiden Rollen koexistieren zu lassen, ohne dass sie auch nur einen einzigen Überschneidungspunkt hatten, hielt ihm zwar die inneren Konflikte vom Hals, aber die äußeren konnte er damit nicht verhindern. Denn wie sagt man so schön? Die Welt ist ein Dorf.

Und natürlich, wie soll es auch anders sein, kreuzten sich die beiden Realitäten eines Tages, was negative Konsequenzen für Herrn P. hatte. Ihm wurde gekündigt, und er verlor damit nicht nur seinen Job, sondern auch eine Tätigkeit, die sehr erfüllend und identitätsstiftend für ihn war.

Zwar finden wir Bewältigungsmechanismen, um mit den inneren Konflikten umzugehen, die entstehen können, aber schnell vergessen wir dabei das Drumherum. Das Außen. Nur weil wir für uns einen Weg gefunden haben, heißt das nicht, dass dieser auch für alle anderen Beteiligten funktioniert. Denn wir sind nicht allein auf der Welt. Alles in uns kann auch Auswirkungen auf das Außerhalb von uns haben und umgekehrt. Auch hier müssen wir die Komplexität der Realität und ihre möglichen Wechselwirkungen beachten.

Für Herrn P. bedeutete das, dass er sich eingestehen musste, dass diese beiden Welten doch viel zu unterschiedlich sind, um sie in einem Leben zu vereinen. Dass er sich hätte besser wappnen müssen für diesen Konflikt und, vor allem, dass wir uns manchmal zwischen in Konflikt miteinander stehenden Bedürfnissen und Werten ganz klar entscheiden müssen. Wenn er Gewaltfreiheit propagiert und gleichzeitig ein Bedürfnis danach hat, aktiv Gewalt auszuüben, dann muss er sich letztendlich zwischen diesen beiden Haltungen entscheiden. Nicht alles ist vereinbar, nicht jeder Kompromiss ist in der Realität auch wirklich umsetzbar, und nicht immer müssen wir all unsere Bedürfnisse ausleben. Ein bewusster Verzicht kann ebenso zufriedenstellend sein wie die Erfüllung eines Bedürfnisses, wenn dafür ein persönlicher Wert verteidigt wurde.

Kapitel 11

Zwischen Toleranz und Intoleranz

In einer Paartherapie üben sich die Paare – ob nun gewollt oder nicht – zwangsläufig in ihrer Ambiguitätstoleranz. Kaum ein therapeutisches Setting bietet so viele Möglichkeiten, direkt an der Quelle, an der Missverständnisse entstehen, zu arbeiten, wie die Paartherapie. Im Einzelsetting wird oft *über* die Partnerin oder den Partner gesprochen und nur selten *mit* ihr oder ihm. In der Paartherapie allerdings hat man beide vor sich sitzen und kann sich quasi live anschauen, wie teilweise gegensätzliche Positionen aneinandergeraten und zu für die Paare nicht mehr allein bewältigbaren Beziehungsproblemen werden.

Ich denke dabei an ein bestimmtes Paar, welches ich in Behandlung hatte und dessen Partner kaum unterschiedlicher hätten sein können. Nicht aufgrund ihres Aussehens beziehungsweise ihrer Außenwirkung, sondern aufgrund ihrer Sozialisierung.

Der Mann ist in einer fünfköpfigen Familie mit rechtsextremem Gedankengut aufgewachsen. Bis zu seinem 19. Lebensjahr lebte auch er im Einklang mit dieser Ideologie und hielt sich überwiegend in rechten bis rechtsextremen Freundeskreisen auf. Bis er *sie* traf. Sie hingegen ist im Alter von fünf Jahren mit ihren Eltern und Geschwistern aus der Türkei nach Deutschland eingewandert. Ihr Vater war Arzt, arbeitete allerdings als Gastarbeiter in einer Chemie-Fabrik, bis er im Alter von 59 Jahren plötzlich an einem Herzinfarkt starb. Ihre Mutter ging keiner Lohnarbeit nach, sondern übernahm die Care-Arbeit zu Hause für die insgesamt vier Kinder. Die Familie lebte streng muslimisch. Sie beschrieb ihre Eltern als konservativ bis extremistisch. Vor allem ihren Vater, der mehrere Jahre lang einer teils extremistischen islamischen Bewegung angehörte, die eine ultra-konservative Auslegung des Islams propagierte und eine Rückkehr zu den vermeintlichen Praktiken und Lehren der frühen muslimischen Gemeinschaft forderte. Diese extremistische Bewegung strebte die Einführung eines islamischen

Staates nach ihren Vorstellungen an und lehnte die westliche Gesellschaftsordnung ab. Nach einem großen Streit mit einigen Anhängern der Bewegung trat ihr Vater schließlich aus der Bewegung aus, und durch den Kontaktabbruch zu den Anhängern der Bewegung veränderte sich seine Auslegung des Islams in eine »gemäßigtere« Form, wie sie es beschrieb.

»Er war dann so anders«, erzählte sie in einer Sitzung. »Wir sind damit aufgewachsen, dass wir gar keinen Kontakt zu Andersdenkenden haben durften. Keine Freunde in der Schule. Keine Verwandten, die nicht dieser islamischen Strömung angehörten. Wir waren total isoliert. Und dann plötzlich – nach dem Bruch – waren ›die Fremden‹ ihm alle lieber als seine ›Brüder und Schwestern‹ aus der Bewegung – wie er sie bis dahin immer nannte. Ich wusste jahrelang gar nicht, wie ich mit diesem Wandel umgehen sollte. Ich wusste auch gar nicht, wie normale Freundschaften außerhalb der Bewegung eigentlich funktionierten. Ich habe mich gefühlt wie ein Alien, der auf der Erde zurückgelassen wurde und eigentlich nur zurück in sein sicheres Ufo wollte.«

»Ich kann das so gut nachvollziehen, weil es mir ganz genauso ging, als ich aus der Nazi-Scheiße raus war«, sagte ihr Mann. »Aber mit dem Unterschied, dass meine Familie noch voll drinsteckt und mittlerweile nichts mehr mit mir zu tun haben will. Ich bin da nur dank ihr rausgekommen.« Er nahm die Hand seiner Frau und streichelte sie dankbar.

Sie waren gar nicht so gegensätzlich, wie ich dachte. Klar, die Ideologien, aus der sie stammten, waren konträr zueinander und sahen sich gegenseitig als Bedrohung an. Aber die Strukturen, in denen sie aufgrund dieser extremistischen Ideologien aufwuchsen, waren unterm Strich sehr ähnlich. Denn Nazis und Islamisten (nicht zu verwechseln oder gleichzusetzen mit Muslimen) sind ideologisch zwar sehr unterschiedlich, teilen jedoch einige Merkmale, die in extremistischen Ideologien häufig zu finden sind. So neigen beide Gruppen zu autoritären Strukturen und Hierarchien. Sie bevorzugen starke Führungspersönlichkeiten und fordern bedingungslose Loyalität gegenüber diesen. Sowohl Nazis als auch Islamisten zeigen eine geringe Toleranz gegenüber abweichenden Meinungen und neigen dazu, Andersdenkende zu diskriminieren oder sogar zu gewalttätigen Mitteln zu greifen, um ihre Macht zu behaupten. Beides erlebten die Partner in ihren jeweiligen Familien.

Nazis propagieren die Überlegenheit der »arischen Rasse«, während Islamisten eine extremistische Interpretation des Islams vertreten, die ihre Glaubensgemeinschaft über andere stellt. Beide Ideologien beinhalten Vorstellungen von Überlegenheit und Exklusivität. Nicht nur »Wir gegen die anderen«, sondern auch »Wir über den anderen«.

Beide Gruppen verwenden intensive Propaganda, um ihre Ideologie zu verbreiten und Anhänger zu rekrutieren, und beide Gruppen konstruieren Feindbilder, um ihre Anhänger zu mobilisieren und zu vereinen. Nazis haben historisch Juden, ethnische Minderheiten und andere als Feinde betrachtet, während Islamisten häufig »den Westen« und andere religiöse Gruppen (»Nicht-Muslime«) als Feinde identifizieren.

Obwohl Nazis und Islamisten in ihren Ideologien und historischen Kontexten deutlich unterschiedlich sind, zeigt die gemeinsame Struktur von Extremismus, wie Ideologien benutzt werden können, um Hass und Gewalt zu fördern. Beide waren dieser gemeinsamen Struktur von Extremismus ausgesetzt und erlebten diese als »normal«. Bis sie sich von ihr entfernten oder aus ihr entfernt wurden.

»Ich werde meine Religion nie aufgeben. Sie ist ein wichtiger Teil meines Lebens, aber ich bin sehr viel offener und – ich würde sagen weniger konservativ als mein Vater früher zum Beispiel war«, erklärte sie mir.

»Na ja, das ist auch nicht schwer«, sagte er, und die Stimmung im Raum änderte sich allmählich. Es wurde angespannter.

»Was ist auch nicht schwer?«, entgegnete sie schnippisch.

Er blickte zu mir, als er ihr antwortete: »Weniger konservativ als dein Ex-Islamisten-Vater zu sein.«

Ihre Wangen röteten sich. Sie wurde wütend. »Was soll das denn schon wieder heißen?«, fragte sie lauter, und es klang weniger nach einer Frage als nach einem Vorwurf.

Er blickt sie kurz an, setzte an, um zu antworten, wendete sich dann aber mir zu und erklärte sich: »Wir streiten seit drei Wochen um ein und dasselbe Thema: der Schwimmunterricht unserer Tochter steht an, und meine Frau möchte ihr die Teilnahme verbieten, weil unsere Tochter – ich zitiere: – ›nicht in Badesachen rumlaufen‹ soll. Im Sommer darf sie keine kurzen Hosen oder Röcke tragen, und ihre Haare sollen ständig zu einem Zopf gebunden sein und nicht frei fallen dürfen. So ein Irrsinn. Ich lasse meine Tochter doch nicht so einschränken. Was soll das?!« Jetzt blickte er sie an und wirkte, als würde er auf eine nachvollziehbare Antwort auf seine Frage warten. Eine Antwort, die diese Spannung in ihm lösen konnte.

»Als ich in ihrem Alter war, musste ich schon ein Kopftuch tragen. Über Schwimmunterricht wurde nicht einmal diskutiert. Unsere Tochter hat mehr Freiheiten als ich damals, und ich möchte sie einfach nur schützen. Sie soll anständig aufwachsen«, erwiderte sie, diesmal ohne ihn eines Blickes zu würdigen.

»Anständig aufwachsen. Wenn ich das schon höre. Da kommt mir nur meine irre Mutter in den Sinn. Anstand. Ordnung. Hinter nichtssagenden Begriffen wird sich versteckt. Ich habe doch nicht meine ganze scheiß Familie und ihre Nazi-Ideologien verlassen, nur um im nächsten Fascho-System zu enden!«, sagte er laut, aber mehr zu sich selbst als zu einem von uns.

»Hast du mich gerade einen Fascho genannt?«, rief sie entgeistert.

Die Szene, die ich in diesem Moment eher als stille Beobachterin wahrgenommen habe, beleuchtete auf eindrückliche Weise die komplexen Dynamiken innerhalb von Familien, in denen verschiedene, aber doch ähnliche Ideologien und Werthaltungen aufeinanderprallen. Sie zeigt, wie persönliche Erfahrungen und Erlebnisse die Einstellungen und Überzeugungen einer Person formen und wie diese wiederum in Konflikt mit den Ansichten anderer Familienmitglieder geraten können. Die Diskussion über den Schwimmunterricht der Tochter wird zu einem Schauplatz für tiefer liegende ideologische Differenzen. Während der Vater die Freiheit seiner Tochter betont und sich gegen übermäßige Einschränkungen ausspricht – auch, weil Freiheit und Autonomie seit seinem Austritt aus der Nazi-Szene und Familie wichtige zu verteidigende Werte für ihn geworden sind –, vertritt die Mutter traditionell konservative Werte, die in ihrer Wahrnehmung schon deutlich offener und freier gelebt werden, als einst von ihrem Vater. Die Szene verdeutlicht auch, wie Ideologien und Überzeugungen als Schutzmechanismus dienen können, um die eigene Identität und Lebensweise zu rechtfertigen und zu verteidigen. Die Emotionalität und Intensität des Gesprächs unterstreichen die tief verwurzelten Überzeugungen und die Schwierigkeit, Kompromisse zu finden.

Interessant war, dass die beiden derartige Streitsituationen nie hatten, bis ihr erstes Kind geboren wurde. Erst als es um die Erziehung der Kinder ging, zeigten sich fundamentale Unterschiede in den Normen und Wertesystemen der beiden.

Die Geburt eines Kindes bringt oft neue Dynamiken und Herausforderungen in eine Beziehung. Denn die Verantwortung für die Erziehung und das Wohlergehen eines Kindes bringt unterschiedliche Vorstellungen und Erwartungen hinsichtlich der familiären Werte und Normen ans Licht. Bevor sie Eltern wurden, konnten die beiden möglicherweise ihre ideologischen Unterschiede ignorieren oder vermeiden. Doch mit der Ankunft ihres Kindes wurden diese Differenzen unvermeidlich und drängten sich in den Vordergrund, da sie nun Entscheidungen über die Erziehung und das Familienleben treffen mussten.

Es ist ein Phänomen, das viele Paare erleben: Die Notwendigkeit, einen gemeinsamen Erziehungsstil zu finden, kann zu Konflikten führen, insbesondere wenn die Partner aus verschiedenen kulturellen oder ideologischen Hintergründen stammen. Die Herausforderung besteht nun darin, einen Kompromiss zu finden, der die Bedürfnisse und Werte beider Elternteile berücksichtigt, während gleichzeitig das Wohl der Kinder im Vordergrund steht. Dies erfordert Offenheit, Kommunikation und die Bereitschaft, sich aufeinander zuzubewegen, um eine gemeinsame Basis für die Erziehung ihrer Kinder zu finden.

»Vielleicht sollten wir darüber nachdenken, wie Sie Ihre Differenzen aushandeln können, ohne Ihre Tochter in den Mittelpunkt Ihrer ideologischen Auseinandersetzungen zu stellen«, sagte ich irgendwann konfrontativer als üblich, um den Fokus weg von der Tochter und hin zu dem dahinterliegenden Thema – nämlich dem Machtkampf über die unterschiedlichen Wertesysteme der beiden – zu lenken.

Ich fragte mich hier aber auch, wie viel Toleranz für die Werte und Normen sowie das Verhalten eines anderen Menschen, in dem Fall für den Ehepartner beziehungsweise die Ehepartnerin, aufgebracht werden kann, wenn man diese Werte im Grunde fast vollständig ablehnt oder die eigenen Werte so einen hohen Stellenwert haben, dass Verhandlungen darüber oder Kompromisse kaum denkbar sind.

Wie sich herausstellte, war die Frau – insbesondere beim Thema Kindeserziehung – nicht bereit, über die von ihr festgelegten Werte und Normen zu verhandeln. Er wiederum lehnte – insbesondere, wenn es seine Kinder betraf – die von ihr festgelegten Werte und Normen fast vollständig ab, gab aber immer wieder nach, um den Frieden innerhalb der Familie zu wahren. Er nannte es »Toleranz«.

»Ich komme aus einer Nazi-Familie. Ich will nicht alles Andersartige oder Fremde gleich ablehnen. Ich will mich toleranter zeigen und bin zuversichtlich, dass wir es so irgendwie schaffen, einen guten Kompromiss herzustellen. Über kurz oder lang«, erklärte er, und ich hatte das Gefühl, er versuchte mit dieser Erklärung mehr sich selbst zu überzeugen als mich.

Seine Frau zeigte sich weiterhin intolerant, wenn es um die Verhandlung ihrer Regeln bezüglich der Kindeserziehung ging, oder um Verbote, zum Beispiel die Kleidung ihrer Tochter betreffend. Und er verhielt sich weiterhin tolerant gegenüber ihrer Intoleranz.

Dieses Szenario erinnerte mich an Diskussionen über intolerante Persönlichkeiten, die durch beispielsweise verfassungsfeindliche und menschenverachtende Aussagen negativ aufgefallen waren, aber weiterhin in irgendeiner Form im öffentlichen Leben stattfinden durften. Sei es durch Einladungen populistischer oder faschistischer Politiker in Talkshows oder auch durch einen eigenen Messestand bei der Frankfurter Buchmesse für einen rechten Verlag. Menschen aufgrund ihrer politischen Gesinnung oder anderen Merkmalen wie ihrer religiösen Zugehörigkeit von der Öffentlichkeit auszuschließen, wäre natürlich nicht im Sinne der Demokratie. Im Gegenteil. Im Sinne der Fairness und Demokratie müssten Menschen unabhängig von ihren Zugehörigkeiten, Ideologien oder anderen Merkmalen gleichermaßen öffentlichen Raum erhalten dürfen.

Andererseits haben sich beispielsweise Mitglieder einer rechten Partei wiederholt öffentlich demokratiefeindlich und menschenfeindlich geäußert oder verhalten. Wäre es daher nicht im Sinne der Verteidigung der Demokratie, Menschen, die dieser Partei angehören und diese unterstützen, aus öffentlichen Veranstaltungen auszuschließen? Sie nicht in Talkshows einzuladen und stundenlang zu interviewen, während sie populistische Sprache verwenden? Oder würden wir dadurch entgegen der Demokratie handeln, indem einzelnen Personen aufgrund ihrer politischen Zugehörigkeit die Teilnahme verwehrt wird? Wie verteidigt man die Demokratie, ohne selbst demokratiefeindlich zu agieren?

Kann der Ehemann in der Geschichte wahrlich tolerant sein, wenn er durch seine Toleranz gleichzeitig die Intoleranz seiner Frau unterstützt?

Das sind höchst ambige Situationen, in denen es kein klares Richtig oder Falsch gibt. Sie erfordern wieder die Reise an den Ort, den Rumi definiert hatte. Das Dazwischen. Eine konsequente Intoleranz gegenüber Intoleranz scheint auf den ersten Blick nicht gerade demokratisch zu sein, da zum Beispiel Personen aufgrund ihrer Ideologie ausgeschlossen werden, und doch ist es ein klares Zeichen, eine starke Positionierung gegen demokratiefeindliche Ideologien, die andere Menschen(-gruppen) bedrohen.

Toleranz für Intoleranz?

Wenn die Frage gestellt wird, wie wir unsere Demokratie denn schützen könnten, ohne selbst demokratiefeindlich zu handeln, dann besteht die Antwort meist aus wichtigen und richtigen Aufzählungen wie Prävention und Bildung, Stärkung der Zivilgesellschaft, Förderung von Toleranz und Inklusion, Ausbildung und

Sensibilisierung, Deradikalisierungsprogramme, Überwachung und effektive Strafverfolgung von Straftaten im Zusammenhang mit demokratiefeindlichen Ideologien.

Hier spielt auch die Überwachung durch den Verfassungsschutz eine Rolle, der für die Sicherung der Verfassungsordnung des Bundes und der Länder verantwortlich ist und zur Hauptaufgabe hat, extremistische Bestrebungen zu überwachen und Aktivitäten zu verhindern, die die demokratische Grundordnung gefährden könnten.

Der ehemalige Präsident des Bundesamtes für Verfassungsschutz fiel seit seinem Ausscheiden aus dem Amt des Verfassungsschutzpräsidenten wiederholt mit politischen Stellungnahmen auf, die als antisemitisch, rechtsextremistisch und verschwörungstheoretisch bewertet wurden. Zwar bestritt er die Vorwürfe, doch mittlerweile wird er selbst vom Bundesamt für Verfassungsschutz als Verdachtsfall im Bereich Rechtsextremismus beobachtet.

Für manche Menschen ist das nur eine Schlagzeile, doch für Menschen, für die zunehmender Rechtsextremismus eine Bedrohung ihrer Existenz bedeutet, ist das ein Schlag ins Gesicht. Der Mensch, der an oberster Stelle des Bundesamtes saß, welches für die Sicherung der demokratischen Ordnung zuständig ist, wird nun selbst von diesem beobachtet.

Abgesehen von den politischen und ethischen Auswirkungen möchte ich hier die psychologischen Auswirkungen auf insbesondere die Menschengruppe, die vom Rechtsextremismus gefährdet ist, hervorheben. Ein Vertrauen in die Demokratie und dessen demokratische Verteidigung ist nur unter der Bedingung möglich, dass ein Vertrauen in die Überwachungsapparate, die dem Schutz der Demokratie dienen, besteht. Neben dem Ex-Verfassungsschutzpräsidenten gab es in den letzten Jahren genug weitere Skandale um den Verfassungsschutz, die dieses Vertrauen zutiefst erschüttert haben.

Sollten wir hierfür auch eine möglichst hohe Ambiguitätstoleranz aufbringen? Der ehemalige Präsident des Verfassungsschutzes, der nun selbst unter Verdacht steht, verfassungswidrig zu handeln? Sollten wir Toleranz für die Mehrdeutigkeit, für die ambige Situation üben? Wie viel Toleranz ist hier angebracht?

Der Faschismus, als düsteres Kapitel der Menschheitsgeschichte, welches leider noch lange nicht abgeschlossen ist, enthüllt das Paradoxon der Toleranz. Diejenigen, die sich der Ambiguitätstoleranz rühmen, finden sich hier in einem scheinbaren Widerspruch wieder. Wie kann man tolerant gegenüber Mehrdeutigkeit sein und gleichzeitig Intoleranz gegenüber dem anderen akzeptieren?

Das Paradoxon entspringt aus der Spannung zwischen dem Anspruch auf Vieldeutigkeit und der Realität der Unterdrückung ebendieser. Denn die Ambiguitätstoleranz zeigt sich im politischen Kontext als zweischneidiges Schwert. Die Auseinandersetzung mit diesem Paradoxon erfordert eine kritische Betrachtung der feinen Linie zwischen toleranter Vieldeutigkeit und der potenziellen Gefahr, die aus dem Tolerieren von Intoleranz resultieren kann.

Die Geschichte zeigt, dass in den Wirren des Faschismus das Konzept der Ambiguitätstoleranz in politischen Kreisen in vielfältiger Weise interpretiert wurde. Die Idee, verschiedene Perspektiven und Meinungen zuzulassen, konnte paradoxerweise dazu führen, dass intolerante Ansichten und Handlungen geduldet wurden. Dieses sogenannte »Toleranz-Paradoxon« beschreibt die Herausforderung, die entstehen kann, wenn eine tolerante Gesellschaft versucht, Intoleranz zu tolerieren. Die Idee ist, dass eine zu weitreichende Toleranz gegenüber intoleranten Ansichten oder Handlungen dazu führen kann, dass die Grundlagen der Toleranz selbst untergraben werden.

Dieses Paradoxon wird oft in folgender Formel dargestellt: »Die Toleranz gegenüber Intoleranz führt zu Intoleranz.« Dies bedeutet, dass, wenn eine Gesellschaft in einem übermäßigen Maß intolerante Ansichten oder Handlungen toleriert, dies zu einem Abbau der Toleranz und zu negativen Konsequenzen für die Gesellschaft führen kann. Das heißt, je mehr wir intolerante Personen auf öffentlichen Veranstaltungen begrüßen, weil wir selbst tolerant sind, umso eher hebeln wir mit unserer grenzenlosen Toleranz die Toleranz selbst aus.

Die Frage, die sich dabei stellt, ist daher natürlicherweise, inwieweit eine tolerante Gesellschaft bereit sein sollte, intolerante Überzeugungen oder Handlungen zu akzeptieren, ohne dabei ihre eigenen Werte und Prinzipien zu gefährden.

Wir erinnern uns an die Arbeit von Else Frenkel-Brunswik und ihren Kollegen und Kolleginnen zur autoritären Persönlichkeit im Zusammenhang mit Faschismus. Ihre Längsschnittstudien ermöglichten es ihnen, die Entwicklung dieser Persönlichkeitsmerkmale im Zeitverlauf zu verfolgen und ihre Beziehung zu anderen wichtigen Variablen wie sozioökonomischem Status und politischer Orientierung zu untersuchen.

Ein zentraler Fokus ihrer Arbeit lag auf der Analyse von Familienstrukturen und Erziehungsstilen. Insbesondere die Erforschung autoritärer Erziehungsmethoden war für ihr Verständnis der autoritären Persönlichkeit von entscheidender Bedeutung. Frenkel-Brunswik identifizierte, wie autoritäre Eltern, die autoritäre Erziehungsstile anwandten, autoritäre Persönlichkeitsmerkmale bei ihren Kindern fördern konnten. Im obigen Beispiel des Paares, die jeweils aus extremistischen Familien stammten, wird ebendies sehr deutlich. Gerade die Frau konnte die ihr anerzogenen extremistischen Ideologien und Werte nicht so einfach ablegen, weil selbst die Entscheidung, nicht mehr danach zu leben, nicht ihre eigene war, sondern durch ihren autoritären Vater getroffen wurde. Sie wurde in ihrer Autonomie wiederholt frustriert, da ihr die streng-konservativen Regeln des Vaters von klein auf auferlegt worden waren, ohne dass sie ein Mitspracherecht hatte. Und selbst als die Regeln nicht mehr galten, weil der Vater der Bewegung nicht mehr folgte, erlangte sie durch die gewonnene Freiheit keine Autonomie zurück. Sie unterlag zwar keinen strengen Regeln mehr, doch die Entscheidung, dass sich ihr Lebensstil nun ändern würde, oblag wieder nicht ihr selbst, sondern ihrem weiterhin autoritären Vater – nur in anderer Facette. Als er plötzlich starb, blieb sie »führungslos« zurück und übernahm in ihrer Ehe die Rolle der autoritären Figur, die nun ihren Kindern strenge Regeln, die nicht verhandelbar waren, auferlegte. Genau wie Frenkel-Brunswik es beschrieb: Autoritäre Eltern, die autoritäre Erziehungsstile anwenden, fördern autoritäre Persönlichkeitsmerkmale bei ihren Kindern.

Frenkel-Brunswik blieb aber nicht nur beim Einzelnen auf individueller Ebene, sondern betrachtete das System, in dem diese Individuen aufwuchsen, und ging noch einen Schritt weiter. Sie untersuchte auch die Rolle sozialer und kultureller Faktoren bei der Ausprägung autoritärer Einstellungen. Sie erkannte die Auswirkungen von sozialer Ungleichheit, wirtschaftlicher Unsicherheit und politischer Instabilität auf die Entwicklung autoritärer Persönlichkeitsmerkmale

Ihre damalige Forschung verdeutlichte die Komplexität und Nuanciertheit von faschistischen Ideologien. Sie betonte, dass diese nicht allein durch individuelle Eigenschaften, sondern auch durch soziale und kulturelle Einflüsse geprägt sind. Sich diese multifaktoriellen Zusammenhänge auch in jedem Einzelfall zu vergegenwärtigen, ist unheimlich wichtig. Wir können extremistische Ideologien bei einzelnen Personen ursprünglich nicht nur in diesen Personen verorten und sie damit zum absoluten Bösen oder Guten machen (je nachdem, welche Ideologie wir selbst vertreten). Sondern wir müssen sie strukturell denken. Denn sie sind in ihrem Ursprung strukturell.

Doch viel zu oft wird die Toleranz und die Demokratie als etwas Natürliches angesehen. Als eine unverrückbare Naturkraft oder als von Gott gegeben. Die Demokratie existiert aber nicht als vorgegebene Realität, sondern wird als ein soziales Konstrukt geschaffen und erhalten. Wir wandeln durch unsere Tage auf dieser Erde, fest davon überzeugt, dass Demokratie ein unausweichliches Element der Weltordnung ist. Für uns ist es wie das Licht der Sonne oder der Atem des Windes – eine gegebene Gewissheit, an der nicht gerüttelt wird. Doch sie ist nicht das unwandelbare Gesetz der Natur, kein Segen von oben oder eine unausweichliche Ordnung, sondern ein fortwährender Dialog, der von der Gemeinschaft genährt und geformt werden muss. Ein Zwiegespräch zwischen Individuen, die gemeinsam den Wunsch hegen, ihre Stimmen zu erheben und eine gerechtere Welt zu schaffen.

Dieses Zwiegespräch startet – folgen wir Frenkel-Brunswiks Theorie der autoritären Persönlichkeit – bereits beim Umgang mit unseren Kindern.

Die Situation des Paares, wie oben beschrieben, kann langfristig nicht durch eine Verhärtung der Fronten zweier gegensätzlicher Positionen gelöst werden. Nicht durch ein klares Richtig oder Falsch. Vielmehr sollte abgewogen werden, mit welchen Kosten, Nutzen und Konsequenzen eher gelebt werden kann, um sich dann dementsprechend bewusst für einen Weg zu entscheiden. Aber es muss klar sein, wenn unsere Werte die Freiheit jedes Einzelnen, die Demokratie und ihre Verteidigung sind, dann kann die Freiheit in diesem Beispiel paradoxerweise nur verteidigt werden, wenn sich entgegen den Werten der Freiheit verhalten wird.

Je enger eine Beziehung ist, umso mehr Ambiguitätstoleranz ist gefordert, um sie langfristig funktional führen zu können. Insbesondere dann, wenn weitere Akteure hinzukommen und Teil der Dynamik werden: nämlich die Kinder. Gerade dann, wenn Kinder hinzukommen, ist es entscheidend, dass alle Beteiligten bereit sind, sich gegenseitig zuzuhören, Kompromisse einzugehen und Respekt füreinander zu zeigen, um eine gesunde und nachhaltige Beziehung aufzubauen.

Im Fall des Paares müssen sie erkennen, dass ihre unterschiedlichen Ansichten und Werte eine Quelle der Vielfalt und Stärke sein können, wenn sie es schaffen, sie konstruktiv zu nutzen und voneinander zu lernen.

Dabei ist wichtig, dass eine hohe Ambiguitätstoleranz nicht bedeutet, dass man seine eigenen Überzeugungen oder Werte aufgeben muss. Vielmehr geht es darum, die Perspektiven anderer zu respektieren und offen für alternative Lösungen zu sein, die möglicherweise nicht unseren eigenen Vorstellungen entsprechen. Beispielsweise kann es im Fall des Paares sinnvoll sein, die Macht- und Besitzansprüche, die sie gegenüber den Kindern zu haben scheinen, zu reflektieren. Hier ist es auch sinnvoll, die eigene Kindheit und den Umgang, den die eigenen Eltern mit Macht und Besitzansprüchen ihnen gegenüber hatten, zu hinterfragen. Nur weil es mein Kind ist, bedeutet es nicht, dass ich meine Macht ausnutzen darf. Neben rechtlichen Regelungen wie der Fürsorgepflicht gibt es auch ethische Richtlinien, die zwar nicht zwingend rechtlich bindend sind, aber von Eltern im Sinne einer gewaltfreien Erziehung reflektiert werden sollten. Dazu gehören unter anderen:

- **Respekt:** Kinder sollten als eigenständige Individuen respektiert werden, deren Gefühle, Gedanken und Meinungen wichtig sind. Eltern sollten ihre Kinder respektvoll behandeln und ihnen dabei helfen, auch anderen Menschen gegenüber respektvoll zu sein.

- **Autonomie:** Kinder sollten die Möglichkeit haben, ihre eigenen Entscheidungen zu treffen und ihre Interessen zu verfolgen, soweit es ihre Entwicklung erlaubt. Eltern sollten ihren Kindern helfen, Autonomie zu entwickeln, indem sie sie bei der Selbstreflexion und Entscheidungsfindung unterstützen.
- **Empathie:** Eltern sollten ihren Kindern beibringen, sich in andere hineinzuversetzen und Mitgefühl für ihre Mitmenschen zu entwickeln. Dies kann dazu beitragen, dass Kinder empathisch und mitfühlend gegenüber anderen sind und sich für das Wohl anderer einsetzen.
- **Gerechtigkeit:** Kinder sollten lernen, gerecht zu sein und faire Entscheidungen zu treffen. Eltern können dies fördern, indem sie ihren Kindern beibringen, die Bedürfnisse anderer zu berücksichtigen und Konflikte auf respektvolle Weise zu lösen.
- **Offenheit und Ehrlichkeit:** Eltern sollten offen und ehrlich mit ihren Kindern kommunizieren und sie dabei unterstützen, die Welt um sie herum zu verstehen. Dies beinhaltet auch die Bereitschaft, über schwierige Themen zu sprechen und ihren Kindern die Möglichkeit zu geben, Fragen zu stellen und ihre Gedanken und Gefühle auszudrücken.
- **Verantwortung:** Kinder sollten lernen, Verantwortung für ihr eigenes Verhalten zu übernehmen und die Konsequenzen ihrer Handlungen zu verstehen. Eltern können dies fördern, indem sie ihren Kindern klare Erwartungen setzen und sie unterstützen, ihre Verantwortung zu erkennen und zu übernehmen.
- **Förderung von Vielfalt und Inklusion:** Eltern sollten ihre Kinder dazu ermutigen, die Vielfalt der Welt um sie herum zu schätzen und offen für Menschen unterschiedlicher Hintergründe, Kulturen und Lebensweisen zu sein. Dies kann dazu beitragen, dass Kinder Toleranz und Respekt gegenüber anderen entwickeln.

Aus ethischer Sicht bedeutet das eben auch, dass ein Elternteil die eigenen Ideologien mitgeben darf, aber das Kind dennoch eigene dem Alter angemessene Entscheidungen treffen darf (z. B. am Schwimmunterricht teilnehmen) und diese respektiert werden sollten, auch wenn sie gegen die Werte der Eltern oder eines Elternteils sprechen. Dass Kinder nicht unser Besitz sind und nicht als solcher betrachtet werden sollten. Dass aus jedem Kind (hoffentlich) mal ein Erwachsener heranwächst, der direkt oder indirekt mitbestimmt, wie die zukünftige Gesellschaft aussehen wird. Eine Zukunft, in der wir eines Tages nicht mehr sein werden, aber alles bis zu einem gewissen Grad weiterexistieren könnte, was wir einst mitgegeben oder hinterlassen haben. Die Frage ist, was wollen wir mitgeben?

Kapitel 12

Zwischen Konformität und Ambiguität

Da saß ich also an einem dieser grauen Berliner Tage in einem Workshop, als der Einstieg mit einer scheinbar harmlosen Frage begann: »Welche Suppe isst du am liebsten?« Die Frage sollte auf unterhaltsame Weise das Eis brechen und die einzelnen Gruppenmitglieder durch diese persönliche Info, die gerade so persönlich war, dass es sich für alle sicher genug anfühlte, etwas näher zusammenbringen. Wir hatten noch keine Ahnung, wie nah sie uns als konforme Gruppe zusammenbringen sollte.

Die Antworten flogen durch den Raum – Borschtsch hier, Minestrone da. Jeder tat seine eigene kulinarische Vorliebe kund. Doch was zunächst nach lockerem Plaudern klang, war bereits ein unbemerktes Priming, eine unbewusste kognitive Vorbereitung, die unsere nächsten Handlungen beeinflusste und uns in eine kulinarische Richtung schubste, ohne dass wir das vorhergesehen oder geplant hätten.

Die Stunden vergingen. Die Einstiegsfrage war längst vergessen. Nach dem inhaltlichen Austausch stand nach der ersten Ermüdung der Gruppe die Frage nach dem Mittagessen im Raum, und wir fingen an, in Online-Bestellkarten zu scrollen, die es für die unzähligen Restaurants Berlins gab. Doch die Vielfalt der kulinarischen Weltstadt schien uns plötzlich egal zu sein. Die Gruppe entschied fast einstimmig: Pho.

Ja, genau, die vietnamesische Suppe. In Berlin, wo man kulinarisch um die Welt reisen kann, hatten wir uns für eine dampfende Schüssel Reisnudeln und Tofu entschieden. Warum? Nun, einerseits schmeckt sie wirklich gut, und andererseits hatte das anfängliche Priming wahrscheinlich ganze Arbeit geleistet. Die Frage nach der Lieblingssuppe hatte uns unbemerkt auf eine Suppe zum Mittagessen eingeschworen.

Es war fast so, als hätten wir uns gedacht: »Wir haben jetzt über Suppen gesprochen, also müssen wir auch eine bestellen, die einer von uns genannt hat.« Gruppenkonformität in Aktion – oder sollte ich sagen, Gruppenkonformität mit einem Hauch von Ironie? Und Tofu.

Während wir uns unsere Pho schmecken ließen, dachte ich darüber nach, wie leicht es ist, von der kollektiven Strömung mitgerissen zu werden. Eine Frage über die Lieblingssuppe entwickelte sich zu einer Art Menü-Bingo, bei dem Pho als eindeutiger Sieger hervorging.

Eigentlich könnte das eine harmlose Anekdote sein, und vielleicht denke ich auch zu weit, doch für mich zeigt sie wunderbar die Tücken der Gruppenkonformität. Manchmal entscheiden eben nicht die vielfältigen kulinarischen Möglichkeiten Berlins, sondern die zufällig genannte Lieblingssuppe eines Seminarteilnehmers über das Mittagessen.

Die Forschung auf dem Gebiet der Sozialpsychologie hat Licht auf diese oft verborgenen Kräfte geworfen, die unsere Neigungen und Präferenzen beeinflussen. Eines der faszinierendsten Phänomene ist das Gruppendenken, ein psychologisches Konzept, das die Neigung von Menschen beschreibt, in Gruppen zu konvergieren und ihre Meinungen oder Entscheidungen der Gruppe anzupassen. Genau wie wir das mit der Wahl des Mittagessens getan haben.

Solomon Asch und sein bahnbrechendes Konformitätsexperiment in den 1950er-Jahren führte uns in die verborgenen Abgründe des Gruppendenkens ein. In einem einfachen Experiment zeigte sich die beeindruckende Macht des sozialen Drucks. Teilnehmer, aufgefordert, die Länge von Linien zu beurteilen, passten ihre Antworten an, wenn sie von einer konformen Mehrheit umgeben waren. Die Sehnsucht nach Übereinstimmung überwältigte sogar die offensichtliche Wahrnehmung der Realität.

In den Jahrzehnten danach enthüllten weitere Studien die Nuancen der Gruppenkonformität. Stanley Milgram zeigte uns, wie autoritäre Einflüsse das individuelle Handeln formen können, während Philip Zimbardo in seinem berühmten Stanford-Gefängnisexperiment die schnelle Entstehung von Rollen und Normen innerhalb einer Gruppe aufdeckte.

Gruppenkonformität ist kein bloßer Tanz der Marionetten; es ist ein vielschichtiges Zusammenspiel von individuellen Überzeugungen und dem verführerischen Flüstern der kollektiven Psyche. Die Sehnsucht nach Akzeptanz und Harmonie verschmilzt mit dem Drang nach Individualität, und so formen sich die Muster unserer Entscheidungen – geprägt durch den Willen der Gruppe.

Durch die Beobachtung sozialer Dynamiken können wir verstehen, dass bei Gruppenkonformität das Verdrängen der eigenen Meinung damit belohnt wird, eine gesicherte soziale Identität und ein Zugehörigkeitsgefühl zu erlangen. Wir fügen uns der Einheit der Gruppe, selbst wenn es bedeutet, unsere eigene Stimme zu dämpfen. Oder wie in meinem Fall: die Pho zu bestellen und plötzlich absolut überzeugt davon zu sein, dass ich Pho essen möchte, obwohl ich vorher keine Lust auf Suppe hatte und mir aufgrund meiner sonstigen Essgewohnheiten sicher war, dass ich – wenn ich unabhängig von der Gruppe entschieden hätte – mich nicht für eine Pho entschieden hätte.

Das ist ein harmloses Beispiel, doch es ist bewusst gewählt. Ich möchte durch diese harmlosen Kleinigkeiten, die uns im Alltag oft nicht einmal auffallen, diejenigen Menschen, die diesen Text lesen, vorsichtig darauf vorbereiten, was folgt. Denn wenn wir vorher gefragt werden, neigen wir fast alle dazu zu sagen, dass wir uns unabhängig von Gruppendynamiken und psychologischen Effekten wie Priming entscheiden. Dass die Entscheidungen, die wir treffen, und die Gedanken, die wir haben, aus uns selbst und nur uns selbst entspringen. Gerade wegen dieser beliebten Fehlannahme lohnt es, die subtilen Stränge des Gruppendenkens und die Macht der kollektiven Einflüsse zu verstehen. Und sowohl ihre Vorteile als auch ihre Nachteile anzuerkennen.

In Gruppen schwanken wir zwischen dem Bedürfnis nach Zugehörigkeit und dem Ruf unserer eigenen Überzeugungen. Gruppenkonformität manifestiert sich oft als sozialer Druck, der die individuelle Autonomie beeinflusst. Klassische Experimente wie das von Stanley Milgram zeigen, wie Menschen unter autoritärem Einfluss gegen ihre eigenen Überzeugungen handeln können. Durch soziale Erwartungen verblassen oft die Konturen individueller Meinungen zugunsten eines harmonischen Kollektivs. Ein Phänomen, das in dem Schatten der Autorität und des sozialen Drucks gedeiht. Dieses Phänomen ist nicht nur eine Facette menschlicher Anpassungsfähigkeit, sondern birgt auch Gefahren, insbesondere wenn es in extremen ideologischen Kontexten wie dem Nationalsozialismus oder Faschismus auftritt.

Der natürliche Gegenspieler

In totalitären Regimen werden Mechanismen der Gruppenkonformität oft gezielt eingesetzt, um eine homogene kollektive Identität zu formen. Die Bereitschaft zur Konformität kann dazu führen, dass Individuen moralische Bedenken und ethische Grenzen ignorieren. Der Drang, sich der Masse anzupassen, kann in solchen Kontexten zu destruktiven Konsequenzen führen, wenn kritische Reflexion und individuelle moralische Verantwortung unterdrückt werden.

Ambiguitätstoleranz hingegen wird oft als Gegenspieler betrachtet. Menschen mit hoher Ambiguitätstoleranz zeigen eine erhöhte Fähigkeit, mit Unsicherheiten umzugehen und neue Perspektiven zu akzeptieren. Ambiguitätstoleranz erweist sich damit als Beschützer der individuellen Reflexion, ermutigt zur individuellen Betrachtung und fördert die Akzeptanz von Unsicherheiten – eine Barriere gegen die Unterwerfung individueller Autonomie unter kollektive Normen in einem faschistischen Kontext.

In historischen Kontexten wie dem Aufstieg des Nationalsozialismus hätte eine höhere Ambiguitätstoleranz unter anderem dazu beitragen können, die kritische Reflexion zu fördern und die einseitige Konformität zu durchbrechen. Denn Faschismus neigt dazu, eine homogene, oft rassistische oder ethnisch einheitliche Identität zu propagieren. Eine Gesellschaft mit höherer Ambiguitätstoleranz würde eher die Diversität schätzen und die Offenheit gegenüber unterschiedlichen kulturellen Perspektiven fördern, was einem faschistischen Ansatz entgegensteht.

Diese Tugend öffnet den Raum für individuelle Freiheit, kreatives Denken und eine breitere Wertschätzung von kultureller Diversität – eine Symphonie der Vielfalt, die den Monotonien der Konformität und Unterdrückung entgegenwirkt.

Ein bekanntes Beispiel aus den Geschichtsbüchern ist uns allen sicherlich Sophie Scholl und die Mitglieder der »Weißen Rose«, die sich aktiv gegen die autoritären, faschistischen, antisemitischen und menschenfeindlichen Ideologien des Nationalsozialismus zur Wehr setzten, obwohl sie sich damit in große Gefahr begaben. Sie verteilten Flugblätter, in denen sie zum Widerstand gegen das Regime aufriefen und die Gräueltaten des Nazi-Regimes öffentlich anprangerten. Ihr mutiger Akt war eine Form des Widerstands, indem sie alternative Perspektiven förderten und kritische Reflexionen über die Ideologien des Nationalsozialismus anregten. Obwohl sie wussten, dass ihr Handeln sie gefährdete, wagten sie es dennoch, ihre Überzeugungen zu verteidigen und gegen die einseitige Konformität anzukämpfen. Denn sie erkannten auch, dass das Schweigen, Aushalten und Unterlassen keine echte Sicherheit bieten konnten, sondern das größere Risiko waren.

Ein weiteres bekanntes Beispiel ist Rosa Parks, eine afroamerikanische Bürgerrechtlerin, die durch ihre Weigerung, ihren Sitzplatz in einem Bus in Montgomery, Alabama, einem weißen Passagier zu überlassen, zu einem Symbol des Widerstands gegen Rassendiskriminierung wurde. Ihre Tat löste den berühmten Montgomery-Bus-Boykott aus, der ein Meilenstein in der amerikanischen Bürgerrechtsbewegung wurde. Mit ihrer mutigen Handlung, sich gegen die einseitige Konformität gegenüber rassistischen Gesetzen und Normen zu stellen, förderte sie eine alternative Perspektive. Obwohl sie wusste, dass ihr Akt des zivilen Ungehorsams mit Risiken verbunden war und sie Verhaftung und Repressalien ausgesetzt sein würde, wagte sie es dennoch, für ihre Überzeugungen einzustehen und gegen die Ungerechtigkeit anzukämpfen.

Durch ihren Akt des Widerstands und die darauffolgenden Bemühungen der Bürgerrechtsbewegung wurden wichtige Veränderungen in den Vereinigten Staaten vorangetrieben, die zur Aufhebung der Rassentrennungsgesetze und zur Förderung von Gleichberechtigung und sozialer Gerechtigkeit führten.

Rosa Parks und Sophie Scholl und viele andere zahlreiche mutige Menschen in der Geschichte sind ein inspirierendes Beispiel dafür, wie bewusster Widerstand dazu beitragen kann, autoritären und diskriminierenden Ideologien entgegenzutreten und eine breitere Wertschätzung von kultureller Vielfalt und individueller Freiheit zu fordern, selbst in Zeiten der Unterdruckung und des Unrechts. Ihre Standhaftigkeit erinnert uns daran, dass der Kampf für Gerechtigkeit und Gleichberechtigung oft mit dem Mut einzelner Menschen beginnt, die sich gegen Ungerechtigkeit erheben. Es sind die Einzelnen, die die Massen bewegen, indem sie durch ihr Handeln und ihre Überzeugungen eine Lawine des Wandels auslösen.

Massenpsychologie

In den komplexen Schichten der Massenpsychologie nach Gustave Le Bon, in der sich individuelle und gesamtgesellschaftliche Anliegen vereinen, offenbart sich eine faszinierende Reise durch die verborgenen Mechanismen menschlichen Verhaltens. Le Bon fungiert dabei als Pionier, der uns durch das Dickicht der kollektiven Psyche führt, mit einem Blick, der gleichzeitig scharfsinnig und empathisch ist.

Die Masse, so entdecken wir durch Le Bon, ist mehr als nur eine Ansammlung von Individuen. Le Bon legt dar, dass sich in der Masse eine eigene Dynamik entfaltet, die weit über die Summe individueller Gedanken und Emotionen hinausgeht. Das Individuum, gewöhnlich ein Hauptdarsteller in seiner eigenen Lebensgeschichte, wird in der Masse zu einem Ensemblemitglied. Hier verschwimmen die Grenzen zwischen eigenem Denken und kollektiver Meinung, als ob die kollektive Energie einen unsichtbaren Schleier über individuelle Überzeugungen legt. Es ist eine Art sozialer Alchemie, bei der die Summe mehr ist als die Teile und die Masse zu einer eigenständigen Entität wird.

Wer mal auf einem Konzert oder einer Massenveranstaltung war und sich durch das Kollektiv hat mitreißen lassen, der kennt dieses Gefühl. Es ist in diesem Zusammenhang ein angenehmes, gewolltes Gefühl der Einheit von vielen. Die Ansteckung von Emotionen, wie Le Bon es beschreibt, ähnelt einem sozialen Virus, der durch die Reihen der Masse wandert. Begeisterung kann sich wie ein Lauffeuer verbreiten, doch ebenso Angst und Unsicherheit.

Und hier verbirgt sich auch die große Gefahr dieses sozialen Taumels. In der Masse verschwindet die rationale Vernunft oft hinter einem Schleier kollektiver Irrationalität – insbesondere wenn gezielt Angst und Unsicherheit geschürt werden. Einzelne Denkprozesse werden von der kollektiven Dynamik überlagert, und die

Masse wird zu einem eigenständigen Akteur, der in der Lage ist, sowohl Begeisterung als auch Zerstörung zu entfesseln. Angst, so beschreibt es Le Bon, kann sich wie eine ansteckende Wolke durch die Masse bewegen. Sie webt sich durch die Reihen der Menschen wie ein unsichtbarer Nebel, der die individuellen Sinne beeinflusst und kollektive Unsicherheit schürt.

In einem solchen Zustand verlieren die Individuen nicht nur ihre persönliche Rationalität, sondern lassen sich auch von einem Gefühl der Bedrohung mitreißen, welches die Masse in einen Zustand kollektiver Anspannung versetzt.

Ein bekanntes Beispiel ist die Tragödie von Jonestown, Guyana, im Jahr 1978, als über 900 Mitglieder des Peoples Temple, einer Sekte unter der Führung von Jim Jones, gemeinsam Suizid begingen. Die Macht einer charismatischen Führungsperson gepaart mit einer starken Gruppenidentifikation können dazu führen, dass Menschen ihre individuelle Vernunft aufgeben und irrationalen kollektiven Entscheidungen folgen.

Im Kontext von Sekten tragen viele psychologische Mechanismen wie sozialer Druck, Angst vor Ausgrenzung und die Illusion von Gemeinschaft dazu bei, dass Menschen ihre persönliche Autonomie aufgeben und sich den irrationalen Handlungen der Gruppe anschließen. Das Phänomen von Gruppendenken und kollektiver Irrationalität wird hier besonders deutlich und zeigt die Gefahren, wenn individuelles Denken der Gruppendynamik weicht und die Gruppe so konform und einheitlich denkt, dass sie sich voller Überzeugung in den Tod stürzt.

In diesem Gemisch aus Emotionen und Einheitsdenken treten rationale Überlegungen oft in den Hintergrund. Die zur Masse vereinten Individuen streben nach Sicherheit und Orientierung, und in dieser Suche neigen wir dazu, uns an kollektive Ideen und Überzeugungen zu klammern, selbst wenn diese irrational sind.

Unsicherheit verstärkt diesen Effekt. Wenn die Welt um uns herum undurchsichtig wird, wenn keine klaren Antworten auf drängende Fragen zu finden sind, wächst das Verlangen nach einem Ankerpunkt. Die Masse und die starke Führungspersönlichkeit, die die Masse anleitet, bietet in solchen Momenten einen scheinbaren Halt, eine Gemeinschaft, die klare Antworten und Lösungen verspricht. Nicht zuletzt durch populistische Rhetorik.

Erst kürzlich las ich einen Beitrag über einen Journalisten, der einem rechtsextremen Politiker eine Bühne geboten beziehungsweise ihn öffentlich interviewt hat. Seine Absicht war vermutlich, in den offenen Dialog zu treten und die rechtsextremen Botschaften des Politikers öffentlich zu entkräften, um damit den Rechtsextremismus – und sei es auch nur minimal – zu entlarven. Um die Wähler und Wählerinnen, die noch nicht ganz überzeugt sind, aber vielleicht schon damit liebäugeln, ihr Kreuzchen bei einer Partei zu machen, die eher im rechten Spektrum zu verorten ist, doch noch auf die demokratische Seite zu ziehen. Doch im Laufe des Gesprächs wurde deutlich, wie wenig der Journalist für die populistische Sprache und ihre starke Wirkung auf das Publikum gewappnet war. Vielleicht glaubte er, dass sachliche und gute Argumente dagegen ausreichen würden. Dass klare Fakten entgegenzusetzen, überzeugender sein würde als die simplifizierte Propaganda des Politikers. Doch er unterschätzte eindeutig die Macht der Banalität. Der Einfachheit. Der Eindeutigkeit.

Die bedeutende politische Theoretikerin Hannah Arendt prägte den Begriff der »Banalität des Bösen«, um zu beschreiben, wie gewöhnliche Menschen in den Dienst eines totalitären Regimes treten und an Grausamkeiten teilnehmen können, ohne ein ausgeprägtes Gefühl von Schuld oder Verantwortung zu empfinden. Sie argumentierte, dass Adolf Eichmann, ein hochrangiger Nazi-Beamter, der maßgeblich an der Organisation des Holocaust beteiligt war, kein fanatischer Nazi oder ein außergewöhnlich bösartiger Mensch war, sondern ein durchschnittlicher Bürokrat, der seinen Pflichten nachging, ohne moralische Reflexion oder Gewissensbisse.

Ein Appell an die Moral oder das Gewissen zu richten, wie der Journalist im Laufe des Gesprächs immer wieder versuchte, hatte gegen die vereinfachte Schwarz-Weiß-Welt des Politikers keine Chance.

Arendt betonte auch die Bedeutung von Gehorsam und Konformität in totalitären Regimen und argumentierte, dass das Böse oft in der Banalität des Alltags verborgen sei. Sie warnte davor, das Böse als etwas Außergewöhnliches oder Exotisches zu betrachten, das nur von wenigen Menschen ausgeht, sondern betonte vielmehr die Möglichkeit, dass es in jedem von uns schlummert, wenn wir uns der Verantwortung für unsere Handlungen entziehen und uns in blindem Gehorsam üben.

Zugegeben, ich tue mich schwer mit dem Begriff des »Bösen«, doch ich schätze die von Arendt geprägte Beschreibung der »Banalität des Bösen«. Sie machte etwas Wichtiges deutlich. Nämlich, dass sich die Gefahr – beispielsweise durch Rechtsextremismus oder andere menschenfeindliche Ideologien – nicht im Komplexen verbirgt, sondern in der Banalität. Es ist nicht (nur) das Spektakuläre oder Auffällige, wie ein Attentat in einer Menschenmenge, das uns alarmieren sollte, sondern es sind auch die scheinbar unscheinbaren Handlungen und Einstellungen, die zur Verbreitung von Hass, Intoleranz und Gewalt beitragen. Wie ein Politiker, der in einer angesehenen Talkshow sitzt, die von mehreren Millionen Menschen auf dem heimischen Sofa geschaut wird, und seine rechtsextreme Ideologie öffentlich kundtun darf, als sei sie nichts weiter als eine harmlose persönliche Meinung ohne weitere Auswirkungen.

Diese Form des Ausdrucks ist kennzeichnend für populistische Sprache. Denn populistische Sprache funktioniert, indem sie einfache Botschaften verwendet, die starke emotionale Reaktionen hervorrufen und komplexe Probleme auf einfache Ursachen reduzieren. Sie hat der Position des Journalisten, der versuchte, mit Fakten und belegbaren Informationen entgegenzuwirken, sehr viel voraus. Populismus kann Komplexes in Einfaches umwandeln und damit jegliche Ambiguität zunichtemachen.

Populistische Redner verwenden oft einfache und eingängige Slogans oder Phrasen, die leicht zu merken und zu wiederholen sind. Diese Slogans dienen dazu, Emotionen zu wecken und eine starke Verbindung zu den Anhängern herzustellen, zum Beispiel »Mut zur Wahrheit« oder »Trau dich, Deutschland«.

»Mut zur Wahrheit« klingt erst einmal harmlos, doch dieser Slogan spielt auf die Vorstellung an, dass die Partei die Wahrheit ausspricht und sich gegen politische Korrektheit und »Mainstream«-Meinungen stellt. Es suggeriert, dass die Partei die Einzige ist, die die »wahren« Probleme und Herausforderungen benennt, während andere Parteien oder Medien die Wahrheit verbergen oder verschleiern. Dies schafft ein Gefühl der Empörung und des Unbehagens gegenüber etablierten Institutionen und kann in der Folge dazu beitragen, Unterstützung für die rechtsextreme Partei zu mobilisieren.

Der Slogan »Trau dich, Deutschland« appelliert an ein nationalistisches Gefühl der Identität und den Stolz auf das eigene Land. Er impliziert auch, dass Deutschland in einer Krise sei und dass es mutige und entschlossene Maßnahmen brauche, um die vermeintlichen Probleme anzugehen. Indem er den Wählern nahelegt, »sich zu trauen« und für die rechtsextreme Partei zu stimmen, suggeriert der Slogan, dass die Partei die Lösungen für die Herausforderungen des Landes hat und dass es Zeit ist, sich gegen vermeintliche Bedrohungen von außen zu verteidigen.

Populistische Sprache identifiziert oft klare Feindbilder oder Sündenböcke, denen die Schuld für die wahrgenommenen Probleme zugeschrieben wird. Dies können Minderheiten, politische Gegner, internationale Institutionen oder andere Gruppen sein, die als Bedrohung für die Interessen der »einfachen Leute« dargestellt werden. Feindbilder sind ein wichtiges populistisches Mittel, denn sie erwecken Emotionen. Populistische Rhetorik zielt nämlich oft darauf ab, starke emotionale Reaktionen wie Wut, Angst oder Empörung hervorzurufen. Indem sie diese Emotionen anspricht, kann populistische Sprache eine starke Bindung zu den Anhängern schaffen und sie mobilisieren, um für die populistische Agenda einzutreten.

Populistische Redner positionieren sich dabei oft als Außenseiter oder »Stimme des Volkes« gegen das politische Establishment oder die »Elite«. Sie kritisieren die herrschende Klasse als korrupt, unverantwortlich oder fern von den Bedürfnissen der »gewöhnlichen Menschen« (Anti-Establishment-Rhetorik). Für die eigentlich komplexen Probleme, die sie ansprechen, bieten sie dann einfache und direkte Lösungen an. Diese Lösungen sind oft stark vereinfacht und bieten einfache Antworten auf komplexe Fragen, ohne die Herausforderungen und Konsequenzen zu berücksichtigen (z. B. »Massenabschiebungen«).

Wie wir von Le Bon gelernt haben, sind Angst und Unsicherheit die Wurzeln, die Individuen dazu bringen, innerhalb einer Masse zu agieren. In der Suche nach Sicherheit und Orientierung können Menschen dazu neigen, ihre individuellen Rationalitäten aufzugeben und sich einer kollektiven Strömung hinzugeben, die von gemeinsamen Emotionen und Ängsten getrieben wird. Dabei ist es unerheblich, wie irrational oder wie in diesem Fall demokratie- und menschenfeindlich die Ideologien sind. Hauptsache, sie reduzieren die Angst und stellen das ersehnte Gefühl der Sicherheit, der Orientierung und Kontrolle wieder her.

Und wenn ausgerechnet das uns keine Angst machen sollte, dann weiß ich auch nicht.

Aber wie können wir dem ansteckenden sozialen Virus entkommen? Was können wir ihm entgegensetzen? Ein Einzelner, der sich der Masse entziehen möchte, muss die Quellen von Angst und Unsicherheit identifizieren, die ihn in den kollektiven Strudel gezogen haben. Das kann individuelle Gründe haben. Nicht alle Menschen, die sich zu extremistischen Ideologien hingezogen fühlen, tun das aus denselben Gründen, und nicht alle sind auch von ihrer Grundüberzeugung her extremistisch. Und natürlich wird nicht jede Gruppe oder Ansammlung von Menschen mit gemeinsamer Ideologie extremistisch.

Die Wiedererlangung der individuellen Autonomie erfordert aber einen bewussten Akt der Reflexion. Es ist, als ob man einen Blick in die eigene Seele wirft und die verborgenen Ängste entblößt, die von der Masse geschürt wurden. Dazu muss man bereit sein und natürlich motiviert. Denn die Masse kann etwas bieten, was außerhalb des Kollektivs nur schwer bis gar nicht möglich ist. Das Zugehörigkeitsgefühl, die Interdependenz, ein soziales Gefüge, das einen hält und das Bedürfnis nach Sicherheit erfüllt.

Das alles und viel mehr aufzugeben, ist nicht leicht und erfordert in erster Linie das Aktivieren des Bedürfnisses nach Autonomie. Die Kunst des Widerstands gegen faschistische Strömungen besteht darin, sich der kollektiven Manipulation bewusst zu werden und dem Ruf der eigenen Stimme wieder folgen zu wollen. Individuelle Rationalität und kritisches Denken sind dabei die Schlüssel. Indem man sich aktiv hinterfragt und die eigenen Überzeugungen kritisch prüft, kann man die Kontrolle über das eigene Denken zurückgewinnen, auch wenn das mitunter ein zäher Prozess sein kann.

Die Wiedererlangung der Autonomie erfordert auch den Mut, sich von der kollektiven Herde zu lösen. Wir müssen dann den

Schritt wagen, uns aus der Masse zu entfernen, und die Einsamkeit der eigenen Überlegungen akzeptieren. Das ist keine leichte Aufgabe, aber es ist der Weg zur individuellen Freiheit. Le Bon weist auch darauf hin, dass der Kontakt mit unterschiedlichen Meinungen und Perspektiven eine entscheidende Rolle spielt. Indem man sich dem Austausch mit Vielfalt öffnet, kann man die Beschränkungen einer engstirnigen kollektiven Sichtweise überwinden. Hier liegt eine Brücke zur Wiedererlangung von Toleranz und Pluralismus. Und der Ambiguitätstoleranz.

Das Eintauchen in die eigene Persönlichkeit, das Hinterfragen von Überzeugungen, der Mut zur Abgrenzung von der Masse, die Offenheit für Vielfalt, die Ambiguitätstoleranz – all das sind Elemente, die als Schlüssel zur Befreiung aus der kollektiven Dynamik gelten können.

Doch die Zugehörigkeit zu einer Gruppe, sei es durch Familie, Gemeinschaft oder Kultur, gibt nicht nur ein Gefühl von Sicherheit und befriedigt ein grundlegendes Bedürfnis, sondern ermöglicht auch den Austausch von Ideen und Werten. Das Kollektiv ist der Schutzraum, in dem Gemeinschaften ihre Geschichten weben und kulturelle Erbstücke bewahren.

Beide Konzepte, Individualität und Kollektivität, haben ihre Vorzüge und Gefahren. Die Individualität schenkt uns die Freiheit, unsere eigenen Wege zu wählen, unsere Träume zu verfolgen und unseren individuellen Beitrag im Leben zu leisten. Doch sie birgt auch die Gefahr der Isolation, wenn das Streben nach Eigenständigkeit in eine selbstbezogene Einsamkeit umschlägt.

Auf der anderen Seite steht die Kollektivität, die Gemeinschaft und Zusammenhalt fördert. Die kollektiven Werte und Normen geben Orientierung und schaffen eine gemeinsame Basis für Interaktionen. Doch auch hier lauert die Gefahr des Konformismus, wenn der Mensch seine Einzigartigkeit in den Wogen der

Gruppendynamik verliert. An diesem Punkt tritt die Ambiguitätstoleranz als eine Brücke zwischen den Extremen auf. Sie ist das feine Gewebe, das es uns ermöglicht, die Nuancen der Grauzonen zu erkennen und zu akzeptieren.

Eine hohe Ambiguitätstoleranz erlaubt es, uns in der Gemeinschaft zu integrieren, ohne dabei die eigene Selbstständigkeit zu verlieren. Sie ermöglicht dem Kollektiv, die Vielfalt der Einzelnen zu schätzen, ohne in starren Normen zu erstarren.

Die Wichtigkeit beider Konzepte wird in dieser Balance deutlich. Die Individualität bringt die bunten Farben ins Leben, während die Kollektivität die Konturen und Strukturen schafft. Ambiguitätstoleranz dient als das unsichtbare Band, das die Fäden zwischen den Individuen und der Gemeinschaft verwebt, ohne die Essenz der Einzigartigkeit aufzugeben. Ein Leben, das von einer ausgewogenen Ambiguitätstoleranz geprägt ist, ist ein Tanz auf dem Drahtseil zwischen dem Selbst und der Gemeinschaft. Es ist die Fähigkeit, sich mit anderen zu verbinden, ohne die eigene Identität zu opfern, und die Gemeinschaft zu stärken, ohne die Vielfalt der Individuen zu ersticken.

Kapitel 13

Zwischen 1, 2 und 3

»Ich bin schwanger. Ganz frisch«, sagte Frau R. schnell. Als würde sie es hinter sich bringen wollen. Ich wollte gerade ansetzen, um zu gratulieren, da sprach sie bereits weiter.

»Und ich habe mir einen Termin gemacht bei der Pränataldiagnostik. Sie wissen schon, die Nackenfaltenmessung und alles. Die schauen, ob das Kind gesund ist. Oder ob ein Risiko besteht. Zum Beispiel für eine Behinderung. Oder sonst was. Ich weiß es auch nicht ganz genau. Jedenfalls habe ich mir dann die Frage gestellt, was ich tun würde, wenn das Kind eine Behinderung haben sollte.«

Ich wartete kurz, doch sie sprach nicht weiter. Stattdessen sah sie mich erwartungsvoll an. Als hätte sie eine Frage gestellt. Was sie scheinbar zwischen den Zeilen auch getan hatte, doch sie war mir entgangen.

»Und sind Sie zu einer Antwort gekommen?«, unterbrach ich schließlich das Schweigen.

»Ja. Also, ich würde es abtreiben«, sagte sie bestimmt und richtete sich auf. Jetzt saß sie kerzengerade da, und wieder sah sie mich erwartungsvoll an. Vielleicht nicht erwartungsvoll. Eher gewappnet. Vermutlich erwartete sie eine Empörung meinerseits. Oder eine Verurteilung für ihre Entscheidung oder vielleicht auch Gegenargumente, die sie alle sicher schon gehört oder sich selbst entgegengebracht hatte.

»Okay«, sagte ich nur.

Zugegeben, ich hätte an dieser Stelle mehr sagen können. Etwas wie »Das war sicher eine schwierige Entscheidung für Sie«, aber woher sollte ich wissen, dass die Entscheidung »sicher« schwierig gewesen sein musste? Vielleicht war sie ganz klar und eindeutig für sie. Andererseits geht es um das Leben ihres ungeborenen Kindes, und natürlich ist es für kaum jemanden leicht, dieses vorzeitig zu beenden, weil es eine Krankheit haben könnte. Und doch ist es ihre Entscheidung, und ich respektiere diese Entscheidung und ihr Selbstbestimmungsrecht über ihren Körper und ihre Reproduktion.

»Ich musste mir ganz schön viel anhören deswegen. Meine Mutter ist ganz außer sich. Wie ich denn bereitwillig mein eigenes Kind töten könne. Nur mein Mann unterstützt mich. Er weiß, dass mich die Pflege eines behinderten Kindes maßlos überfordern würde. Und finanziell wäre das auch alles sehr schwierig für uns, wenn ich nicht mehr arbeiten gehen könnte. Ich weiß ja nicht, was kommt, aber wenn das Risiko besteht, dass es behindert sein könnte, werde ich es abtreiben. Ich kann mir dieses Risiko einfach nicht leisten.« Sie strich sich mit der Hand über ihren flachen Bauch, als sie bestimmt und überzeugt über ihre Entscheidung sprach, und kaum ein Bild hätte ihren inneren Konflikt deutlicher machen können.

Die Abtreibungsdebatte polarisiert nach wir vor nicht nur innerhalb einer Familie, sondern auch die öffentliche Meinung. In den 1960er-Jahren formte sich in den USA die Bürgerrechtsbewegung »Pro-Choice« (für die Wahlmöglichkeit) aus einem losen Zusammenschluss von Gruppen der Frauengesundheitsbewegung. Die »Pro-Choice«-Bewegung setzt sich dafür ein, dass Frauen das Recht haben sollten, über ihren eigenen Körper und ihre reproduktive Gesundheit zu entscheiden. Sie unterstützt die Legalisierung und den Zugang zu sicheren und legalen Schwangerschaftsabbrüchen und argumentiert, dass Frauen das Recht haben sollten, selbstbestimmt über eine Schwangerschaft zu entscheiden, insbesondere in Fällen von ungewollten Schwangerschaften, gesundheitlichen Risiken für die Mutter oder schweren Fehlbildungen des Fötus. Mit der Legalisierung von Schwangerschaftsabbrüchen im Jahre 1973 erzielte die mittlerweile gut organisierte internationale Bewegung einen sagenhaften Erfolg in den Vereinigten Staaten.

Während es in der Deutschen Demokratischen Republik (DDR) die Fristenregelung schon seit 1972 gab, zog (West-)Deutschland drei Jahre nach der Legalisierung in den USA nach. Die Abtreibung, beziehungsweise der Schwangerschaftsabbruch, ist unter bestimmten Bedingungen seit 1976 legal. Vorher galt in Westdeutschland das strenge Abtreibungsverbot. Nach der Reform des Verbots ermöglichte das sogenannte »Fristenmodell« Abtreibungen innerhalb der ersten zwölf Wochen der Schwangerschaft unter bestimmten Voraussetzungen. Danach bleibt die Abtreibung straffrei, wenn die Frau vorher eine ärztliche Beratung durchlaufen hat und der Abbruch aus einer Notlage heraus erfolgt, wie zum Beispiel, wenn die Gesundheit der Frau gefährdet ist oder eine Vergewaltigung vorliegt.

Im Jahr 1995 wurde das Gesetz über die Werbung für Schwangerschaftsabbrüche (§ 219a StGB) verabschiedet, das es Ärzten und Ärztinnen sowie anderen medizinischen Fachkräften verbietet, öffentlich für Schwangerschaftsabbrüche zu werben oder Informationen darüber bereitzustellen. Dies führte zu Kontroversen und Debatten über das Informationsrecht von Frauen und den Zugang zu medizinischer Versorgung. Seitdem hat es verschiedene Versuche gegeben, das Abtreibungsgesetz weiter zu reformieren, jedoch blieb das Fristenmodell im Wesentlichen bestehen.

Die Gegenbewegung zu »Pro-Choice« nennt sich »Pro-Life« und vertritt die Ansicht, dass das Leben bereits bei der Empfängnis beginnt und dass Abtreibung als »Tötung eines unschuldigen menschlichen Lebens« betrachtet werden sollte. Ihre Unterstützer setzen sich für die Rechte des ungeborenen Kindes ein und lehnen Schwangerschaftsabbrüche aus moralischen und ethischen Gründen ab. Die »Pro-Life«-Bewegung fordert oft restriktivere Abtreibungsgesetze und Maßnahmen zur Unterstützung von Schwangeren, um ihnen alternative Optionen zur Abtreibung anzubieten, wie zum Beispiel Adoption.

Aktuell herrscht in Deutschland das Fristenmodell, nach dem bis zur zwölften Schwangerschaftswoche ein Abbruch unter bestimmten Voraussetzungen möglich ist. Während die »Pro-Choice«-Bewegung sich für eine Abschaffung dieser Bedingungen einsetzt, fordert die »Pro-Life«-Bewegung strengere Bedingungen bis hin zu einem generellen Abtreibungsverbot.

Also, sollten Frauen ihr ungeborenes Kind jederzeit abtreiben dürfen?

Sollten Frauen ihr ungeborenes Kind jederzeit abtreiben dürfen, wenn es durch eine Vergewaltigung entstanden ist?

Sollten Frauen ihr ungeborenes Kind jederzeit abtreiben dürfen, wenn festgestellt wird, dass es mit einer Behinderung zur Welt kommen wird?

Das sind nicht leicht zu beantwortende Fragen, und doch werden sie ausgiebig – nicht zuletzt in den sozialen Medien – diskutiert. Wobei »diskutiert« die Gesprächskultur in den sozialen Medien leider nicht immer treffend beschreibt. Entweder wird *über* die anderen Personen statt mit ihnen gesprochen, oder gegensätzliche Meinungen werden gänzlich ignoriert, blockiert, stummgeschaltet. Bei der teilweise dysfunktionalen Gesprächskultur ist das oft auch gesünder, als im Austausch zu bleiben, da oft einfach kein echter Austausch stattfindet.

In einem dieser Kommentare zum Abtreibungsgesetz schrieb eine Person, dass sie gegen eine Abtreibung aufgrund einer möglichen Behinderung des Kindes sei, denn das Kind könne ja nichts dafür, sie plädierte aber für die Möglichkeit der Abtreibung, wenn die Schwangerschaft durch eine Vergewaltigung entstanden sei.

Ich fragte mich, wie sie entscheiden würde, wenn die Schwangerschaft durch eine Vergewaltigung entstanden wäre *und* das Kind höchstwahrscheinlich mit einer Behinderung zur Welt kommen würde. Welcher Wert oder welches ihrer moralischen Prinzipien, aufgrund derer sie diese Aussage traf, würde dann gewichtiger sein?

Denn diese – zugegeben sehr komplexe – Situation würde ihre bisherige Spaltung von »unter diesen Umständen: ja« und »unter anderen Umständen: nein« gegeneinander aufheben. Ich fragte mich auch, warum diese Person einer Frau das Selbstbestimmungsrecht über ihren Körper gewährt, wenn sie Opfer einer Gewalttat wurde. Ihr dieses Recht aber wieder nimmt, sobald es um eine mögliche Krankheit des Kindes beziehungsweise Embryos geht. Drastischer formuliert: Wenn diese Person *gegen* die Tötung eines Embryos ist, nur weil er möglicherweise mit einer Behinderung zur Welt kommen würde, warum ist sie dann *für* die Tötung eines Embryos, nur weil er aufgrund einer Vergewaltigung entstanden ist? Denn dafür kann das ungeborene Kind ja auch nichts. Hier stellt sich die Frage danach, ob der Schutz ungeborener Kinder über den Rechten und Bedürfnissen der Mutter steht. Sollte eine Frau nicht das Recht haben, unter allen Umständen selbst zu entscheiden, ob sie eine Schwangerschaft fortführen oder abbrechen will? Ist andererseits das Leben des bereits bestehenden Embryos nicht auch unter allen Umständen schützenswert – auch wenn es eine schwere Krankheit oder Behinderung haben wird?

Das Verneinen dieser Frage führt unweigerlich zur Annäherung an eine rechtsextreme Fantasie, in der Menschen frei von jeglichen körperlichen und geistigen Behinderungen geboren werden sollten. Andererseits findet sich in ebendiesen rechtsextremen Fantasien auch das klare Verbot von Abtreibungen und der Versuch, die Kontrolle über den weiblichen Körper auszuüben und Frauen ihre reproduktiven Rechte zu nehmen.

Es gibt mal wieder keine einfache Lösung auf all diese Fragen und auch eine »Wenn-dann-Regel« scheint hier keine zufriedenstellende Antwort liefern zu können.

Versetzt man sich in die Lage meiner Patientin, die zwar angibt, keinesfalls ableistisch (behindertenfeindlich) zu sein, aber mit einem pflegebedürftigen Kind sowohl persönlich als auch finanziell maßlos überfordert wäre, stellt sich schnell die Frage, was man selbst in der gleichen Situation tun würde. Zwischen Zustimmung, Ablehnung und »Ich weiß es nicht genau« ist hier sicher alles dabei. Doch erhascht man einen Einblick in das Leben pflegender Eltern, dann sind auch diese oft mit dieser Situation überfordert, entscheiden sich aber dennoch für das Leben des Kindes – unabhängig seines Gesundheitszustandes. Ist »Überforderung« dann also ein valides Argument gegen das Leben des Embryos? Gibt es überhaupt ein valides Argument dagegen?

Andererseits: Sollte eine Frau nicht unter allen Umständen selbst über ihren Körper und ihre Reproduktion entscheiden dürfen – unabhängig von ihren persönlichen Beweggründen?

Kommentarspalten im Internet sind bei polarisierenden und emotionalisierenden Themen wie diesem schnell voller scheinbar eindeutiger und klarer Antworten, die aber leider voller Bewertungen und Verurteilungen sind. Schnell gibt es dann kein Dazwischen mehr. Es existiert nur noch Schwarz oder Weiß. Leben oder Tod. Wähle eine Seite. »Ob ihr wirklich richtig steht, seht ihr, wenn das Licht angeht.«

Doch niemand macht das Licht an. Die Auflösung, wie sie in der ZDF-Kinder-Game-Show »1, 2 oder 3« unmittelbar präsentiert wird, kommt nicht.

Doch das Leben ist keine unterhaltsame Gameshow mit vorgefertigten Fragen und dazugehörigen eindeutigen richtigen oder falschen Antworten. Die von Natur aus komplexen Konflikte können nicht in die Struktur einer Ja/Nein-Frage gepresst werden. Der Showmaster erlöst unsere innere Anspannung darüber, ob wir richtig- oder falschliegen, auch nicht durch eine klare Antwort.

Auf der einen Seite zu stehen, bedeutet nicht, dass man die andere Seite ablehnen und verunmenschlichen muss. Auf der einen

Seite zu stehen, bedeutet auch nicht, dass man die andere Seite hassen und jegliche Empathie für die andere Seite abstellen muss. Im Dazwischen kann das alles parallel existieren. Mich kann der internalisierte Ableismus – denn den können wir hier nicht einfach ignorieren – hinter der Entscheidung zur Abtreibung eines vermutlich schwer kranken Embryos erschüttern, gleichzeitig kann ich aber auch Empathie und Verständnis für die überforderte Frau aufbringen, die jederzeit das Recht haben sollte, über ihren Körper und ihre Reproduktion selbst entscheiden zu dürfen.

Moralische Dilemmata

Und doch löst sich auch mit dem Nebeneinander-stehen-Lassen die innere Spannung nicht gänzlich auf. Denn diese Situation ist voller moralischer Dilemmata. Ein moralisches Dilemma ist eine Situation wie diese, in der wir unter zwei (oder mehr) widersprüchlichen moralischen Anforderungen stehen, von denen keine die andere außer Kraft setzt beziehungsweise vollständig für sich allein als »richtige Lösung« stehen kann. Beide (oder mehrere Optionen) haben gravierende Nachteile, und man ist gezwungen, sich für das kleinere Übel zu entscheiden. Und das kann ganz nach persönlicher Lebenssituation ganz unterschiedlich bewertet werden.

Ein klassisches moralisches Dilemma zeichnet sich dabei durch ein intensives Konflikterleben aus. Wir erleben einen inneren Konflikt zwischen verschiedenen moralischen Prinzipien oder Werten. Es gibt dabei zunächst keine klare, eindeutige Lösung, und jede Option hat potenziell moralisch relevante Konsequenzen. Positioniere ich mich ganz klar »pro choice«, dann unterstütze ich zwar die vollständige Selbstbestimmung der Frau, nehme aber auch in Kauf, dass ich dieses Recht dann über den Schutz des ungeborenen Lebens stelle.

Ein moralisches Dilemma ist weiterhin durch Entscheidungsdruck gekennzeichnet. Wir stehen unter Druck, eine Entscheidung zu treffen, und das möglicherweise in begrenzter Zeit. Gerade in Zeiten von Social Media und ständigen »Stellungnahmen«, in denen klare Positionierungen gefordert werden, ist das ein wichtiger Faktor, der den Entscheidungsdruck nur weiter erhöht und in den meisten Fällen nicht gerade zu einem besonders differenzierten Entschluss kommt.

Zu einem moralischen Dilemma gehört immer auch emotionaler Stress. Also wird eine schnelle und einfache Lösung gesucht und im Schwarz-Weiß-Denken gefunden. Es gibt einen Bösewicht und ein Opfer. Das arme ungeborene Baby gegen die bösartige, egoistische Mutter. Die unterdrückte Frau, die sich seit jeher gegen Institutionen wie Staat und Kirche wehren muss, welche über ihren Körper und ihre Rechte entscheiden wollen, wird dabei ignoriert. Dass aber auch gesellschaftliche Themen wie Kapitalismus, ausgeprägtes Leistungsdenken und Perfektionismus sowie Ableismus und Existenzängste pflegender Eltern bei der Entscheidung eine Rolle spielen, kommt auch oft viel zu kurz. Pflegende Eltern behinderter Kinder erhalten zu wenig staatliche, finanzielle oder pflegerische Unterstützung, und wenn sie sie erhalten, dann nur aufgrund kräftezehrender Anstrengungen und etlicher Behördengänge, für die viele weder die nötige Energie noch Ressourcen haben. Auch der Zugang zu Wissen über Hilfsangebote oder Gelder ist nicht für alle Menschen in unserer Gesellschaft gleichermaßen vorhanden. Statt auf gesamtgesellschaftlicher Ebene Kritik zu üben und Missstände aufzudecken, werden einzelne Frauen für ihre Entscheidungen verurteilt. So können wir wieder im scheinbar sicheren Märchen von Gut und Böse verharren.

Ich kann es uns nicht einmal verübeln, denn genau so wurde es uns seit Jahrzenten durch Märchen, Fabeln, Geschichten und

Hollywoodfilme vermittelt. Wir sind fast schon darauf programmiert, auf diese Art zu denken, und finden in diesen klaren Strukturen von Gut und Böse so viel Sicherheit wie sonst nirgends. Eine Situation, die komplexer ist als die (wie fast alle Situationen auf dieser Welt), mit der wir so intensiv konfrontiert werden, ist dann kaum auszuhalten. Das Muster der Dichotomie, des Entweder-oder, muss also unbedingt aufrechterhalten werden, und alles, was dazwischenliegt, wird unter höchster Anstrengung ignoriert, gelöscht, blockiert, vermieden.

Denn das, was ein moralisches Dilemma auch zu einem moralischen Dilemma macht, ist, dass es keine ideale Lösung gibt. Es gibt keine Option, die alle moralischen Anforderungen erfüllt oder die ethischen Grundsätze in jeder Hinsicht respektiert. Wir stehen vor einem Dilemma, weil jede Wahl mit Opfern oder moralischen Unsicherheiten verbunden ist.

Die Herausforderung besteht darin, in solchen Situationen (wenn erforderlich) eine Entscheidung zu treffen, die den eigenen moralischen Prinzipien entspricht und die bestmöglichen Konsequenzen mit sich bringt. Oder besser gesagt: den geringsten Schaden. Denn ganz abwenden können wir den Schaden hier nicht. Und das ist das Problem. Das, was nicht auszuhalten ist. Das Wissen darüber, dass es keine eindeutige Lösung gibt und dass Schaden unvermeidbar ist.

Stufen der Moral

Ich bin mir sicher, die meisten haben sich beim Lesen der Aussage meiner Patientin bereits ein klares Urteil über sie und darüber, wie sie selbst in derselben Position handeln würden, gebildet. Ich bin mir auch sicher, dass die wenigsten wissen, wie genau sie zu diesem

Urteil gekommen sind. Weil wir gerade bei der moralischen Urteilsbildung schnell zu einer Meinung gelangen, ohne uns den Weg dahin anzuschauen. Denn das würde bedeuten, dass wir uns mit all der Ambiguität, mit all dem, was dazwischenliegt, auseinandersetzen müssten. Und das würde Ressourcen kosten, die unser kognitives System ungern freiwillig aufbringen mag. Da müssten wir schon bewusst nachhelfen, indem wir den automatischen Gedankenprozess stoppen und uns selbst hinterfragen.

Also, wie kommen wir nun zu unserem persönlichen Urteil, unserer Meinung über Abtreibungen oder alle anderen tagesaktuellen Themen, die wir laut und in einer standfesten Haltung kundtun? Wir sind so geübt darin, Meinungen zu äußern und unsere lautstark zu verteidigen. Aber wissen wir auch, welche Werte und Moral dahinterstehen und warum wir uns für die Verteidigung dieser entschieden haben, während andere zu einem ganz anderen Standpunkt gelangen? Wie bilden wir diese Urteile?

Der Psychologe Lawrence Kohlberg hat eine Theorie zur moralischen Entwicklung vorgeschlagen, die auf den Arbeiten des Entwicklungspsychologen Jean Piaget aufbaute und sich im Laufe der Jahre weiterentwickelte. Kohlbergs Modell der moralischen Entwicklung gliedert sich in drei Hauptstufen, die jeweils zwei Unterebenen haben, was insgesamt sechs Ebenen ergibt.

Die *erste Stufe*, die sogenannte präkonventionelle Stufe, umfasst die Ebenen 1 und 2. Auf Ebene 1, der Orientierung an Strafe und Gehorsam, handeln Menschen aufgrund von Furcht vor Bestrafung und einem Wunsch, autoritären Anweisungen zu gehorchen. Zum Beispiel handelt ein Kind aus der Motivation heraus, Strafen zu vermeiden. Es gehorcht, um nicht ausgeschimpft zu werden.

Auf Ebene 2, der Orientierung am persönlichen Nutzen, beruht das moralische Handeln auf individuellen Interessen und

Bedürfnissen. Zum Beispiel tut ein Teenager etwas Gutes, weil er hofft, dass die positive Handlung ihm persönliche Vorteile bringt, wie zum Beispiel Beliebtheit oder Anerkennung durch die Gruppe.

Die *zweite Stufe* ist die konventionelle Stufe mit den Ebenen 3 und 4. Auf Ebene 3, der interpersonalen Konformität, orientiert sich moralisches Verhalten an den Erwartungen der Gesellschaft und an Beziehungen zu anderen Menschen. Ein Erwachsener entscheidet sich, sich an soziale Normen zu halten, um von anderen akzeptiert und gemocht zu werden. Zum Beispiel wird er oder sie ehrlich sein, um nicht als unehrlich gebrandmarkt zu werden. Das heißt, die Motivation für moralisches Handeln ist die gesellschaftliche Erwartung und das Wahren der Beziehung zu den anderen.

Auf Ebene 4, der Orientierung an Recht und Ordnung, wird Moralität durch das Befolgen von Gesetzen und die Erhaltung sozialer Ordnung bestimmt. Zum Beispiel respektiert ein Bürger oder eine Bürgerin Gesetze und Regeln, um die soziale Ordnung aufrechtzuerhalten, selbst wenn er oder sie persönlich anderer Meinung ist. Eigentlich ist das Parkverbot an dieser einen Straße absolut unnötig und nicht nachvollziehbar, aber wir halten uns dennoch daran, um die soziale Ordnung aufrechtzuerhalten und die geltenden Gesetze zu respektieren.

Die *dritte Stufe* ist die postkonventionelle oder autonome Stufe, die die Ebenen 5 und 6 umfasst. Auf Ebene 5, der sozialen Vertragstreue, wird Moralität durch demokratische Prinzipien und die Akzeptanz von Gesellschaftsregeln bestimmt. Beispielsweise setzt sich eine Aktivistin für soziale Gerechtigkeit und für Gesetzesänderungen ein, wenn sie der Meinung ist, dass bestehende Gesetze ungerecht sind, zum Beispiel durch legale Demonstrationen oder Petitionen.

Auf Ebene 6, der Prinzipienorientierung, handeln Menschen nach universellen ethischen Prinzipien und eigenen moralischen

Überzeugungen, unabhängig von gesellschaftlichen Normen. Ein Beispiel stellen politische Aktivisten dar, die sich gegen ungerechte Gesetze stellen, weil sie im Widerspruch zu höheren moralischen Prinzipien stehen. Diese Menschen handeln also nicht nur aus persönlichem Interesse oder sozialem Druck (wie in den vorherigen moralischen Stufen), sondern aus einem tiefen Engagement für ethische Werte und universelle Gerechtigkeit. Im Unterschied zur Stufe 5 – auch entgegen den geltenden Gesetzen. Die Seenotretter beispielsweise setzen sich oft über nationale Gesetze oder politische Beschlüsse hinweg, um Menschen in Not zu helfen. Diese Handlungen basieren auf einem tiefen moralischen Engagement für das Prinzip der universellen Menschenrechte und der Überzeugung, dass jedes menschliche Leben von grundlegender Wichtigkeit ist. Dabei stehen die Seenotretter oft vor rechtlichen Konsequenzen, da ihre Handlungen teilweise im Widerspruch zu nationalen Einwanderungsgesetzen stehen. Dennoch entscheiden sie sich bewusst dafür, diese Gesetze zu brechen, weil sie höhere ethische Prinzipien wie das Recht auf Leben und humanitäre Werte priorisieren. Die Entscheidung, in Seenot geratene Menschen zu retten, unabhängig von ihrer Nationalität oder ihrem rechtlichen Status, reflektiert eine universelle Auffassung von Gerechtigkeit und Menschlichkeit.

Kohlberg glaubte, dass nicht jeder Mensch alle Stufen der moralischen Entwicklung erreicht und dass dies auch nicht notwendigerweise in einer festen Reihenfolge geschieht. Er behauptete, dass die fünfte Stufe nur von einer Minderheit der Menschen erreicht werde und die sechste Stufe nur von fünf Prozent der Menschen erreicht wird. Seine Theorie betonte die fortschreitende Natur der moralischen Entwicklung und die Fähigkeit des Menschen, sich ethisch weiterzuentwickeln. Kohlbergs Modell wird jedoch auch kritisiert, unter anderem für seine westliche kulturelle Orientierung und der teils widersprüchlichen Aussagen, die er in unterschiedlichen Publikationen zum Thema machte.

Moralische Urteile bilden

In der Pädagogik gibt es einen sogenannten Urteilslauf, mit dem Jugendlichen die moralische Urteilsbildung nahegebracht werden kann. Dieser eignet sich aber auch hervorragend für Erwachsene, denn sich diesen Prozess immer wieder bewusst zu machen, sollte keine einmalige Aufgabe in der Jugend sein.

Der Urteilslauf startet damit, dass das Dilemma definiert wird. Worum geht's? Was genau ist die problematische Situation?

Im nächsten Schritt sollen die Handlungsoptionen genannt werden. Auch die, die man zunächst nicht präferiert. Hier sollte alles aufgezählt werden, was möglich ist. Im dritten Schritt wird dann überlegt und aufgezählt, welche Gründe für oder gegen die jeweiligen Handlungsmöglichkeiten sprechen. Unabhängig davon, welche man selbst präferiert. Im vierten Schritt soll reflektiert werden, welche ethischen Werte in diesem Dilemma berührt werden.

Welche Werte stehen hinter den genannten Gründen? Im fünften Schritt soll ein Urteil gefällt und begründet werden. Warum wurde sich für diese Handlungsmöglichkeit entschieden? Was sprach dafür und was dagegen, und welche Werte standen dahinter? Welche Werte wurden gegenüber den anderen präferiert und warum? Im letzten Schritt sollten auch die Folgen der Entscheidung genannt werden, und es macht Sinn, zu reflektieren, warum diese Folgen eher ertragbar für einen selbst sind als die Folgen der anderen Handlungsmöglichkeiten.

- **Schritt 1: Dilemma definieren.** Die schwangere Frau steht vor der schwierigen Entscheidung, ob sie ihr ungeborenes Kind abtreiben soll, weil es schwerbehindert sein könnte. Diese Entscheidung wirft ethische, emotionale und medizinische Fragen auf und hat potenziell weitreichende Auswirkungen auf ihr Leben.
- **Schritt 2: Handlungsoptionen aufzählen.** Die Frau könnte sich entscheiden, das Kind abzutreiben, um etwaige Schwierigkeiten und Leiden des Kindes zu vermeiden. Alternativ könnte sie sich dafür entscheiden, das Kind zu behalten, und sich darauf vorbereiten, die Herausforderungen einer Behinderung anzunehmen.
- **Schritt 3: Gründe für und gegen die jeweiligen Handlungsmöglichkeiten.** Für eine Abtreibung könnte sprechen, dass das Kind mit schweren Behinderungen möglicherweise ein Leben voller Leiden und Einschränkungen haben könnte (je nach Diagnose und Auskunft aus der Pränataldiagnostik). Weitere individuelle Gründe könnte es je nach persönlicher Lage der Schwangeren hier geben. Gegen eine Abtreibung könnte argumentiert werden, dass jedes Leben wertvoll ist und dass es Unterstützungsmöglichkeiten für Menschen mit Behinderungen gibt, die eine erfüllende Lebensqualität ermöglichen könnten.
- **Schritt 4: Reflektieren der ethischen Werte, die berührt werden.** Die Werte, die hier berührt werden, sind unter anderem das Recht auf Leben des ungeborenen Kindes, das Recht der Mutter auf Selbstbestimmung über ihren Körper und eventuell das Prinzip, unnötiges Leiden zu vermeiden.
- **Schritt 5: Urteil fällen und begründen.** Die Frau trifft nach sorgfältiger Abwägung aller Optionen und unter Berücksichtigung der ethischen Werte eine persönliche Entscheidung. Sie respektiert ihr eigenes Recht auf Selbstbestimmung über ihren Körper und entscheidet sich basierend auf ihren eigenen Werten und Bedürfnissen.

- **Schritt 6: Folgen der Entscheidung reflektieren.** Die Folgen dieser Entscheidung könnten tiefgreifend sein und das Leben der Frau und möglicherweise auch das Leben des ungeborenen Kindes beeinflussen. Die Entscheidung könnte Auswirkungen auf die Zukunft der Frau haben und sie vor Herausforderungen stellen, aber auch Chancen für Wachstum und persönliche Entwicklung bieten. Es ist wichtig, dass die Frau Unterstützung und Begleitung erhält, unabhängig von ihrer Entscheidung.

Wenn wir uns die Mühe machen und bei großen moralischen Entscheidungen diesen Urteilslauf einmal ehrlich und reflektiert durchlaufen, lernen wir nicht nur, warum wir welche Entscheidungen treffen, sondern auch, welche Konsequenzen wir bereit sind zu tragen und welche nicht. Das verrät uns sehr viel über unsere eigene Moral, unsere moralische Entwicklung und die moralische Stufe, auf der wir uns befinden.

Denn das Problem mit der Moral ist: Jeder Mensch glaubt, sie im höchsten Maße zu haben, doch die Interpretation und Anwendung moralischer Grundsätze können stark variieren. Was für den einen als ethisch vertretbar erscheint, wird von einem anderen möglicherweise als fragwürdig betrachtet. Diese Vielschichtigkeit und die subjektive Natur moralischer Urteile führen oft zu Konflikten, Missverständnissen und unterschiedlichen Perspektiven in der Bewertung von Handlungen und Entscheidungen. Inmitten dieser Vielfalt an Überzeugungen und Werthaltungen ist die Fähigkeit zur Ambiguitätstoleranz von entscheidender Bedeutung, um einen respektvollen Dialog zu ermöglichen und Verständnis für die Diversität moralischer Standpunkte zu entwickeln.

Ambiguitätstoleranz ist dabei nur ein weiteres Werkzeug in der Kiste der Selbstreflexion; und damit ist dieses Buch kein Ratgeber, der eine klare Lösung anbietet – denn die eine Lösung kann es bei einem komplexen Problem nicht geben –, sondern es ist vielmehr ein gesellschaftlicher Appell, der auffordert, mit einer Haltung durch die Welt zu gehen, die Komplexität aushält.

Die Ambiguitätstoleranz wird auch nicht alle gesellschaftlichen Konflikte lösen können, und das will sie auch gar nicht, aber sie wird der zunehmenden Spaltung und Polarisierung in der Gesellschaft in Bezug auf viele aktuelle Themen entgegenwirken können.

Kapitel 14

Zwischen Wahrheiten

Wenn von der Wahrheit gesprochen wird, dann erwarten wir eine einheitliche Definition und ein klares, transparentes Konzept. Denn die Wahrheit ist immer klar. Wenn sie da ist, erkennt man sie schon. Die Wahrheit braucht sich nicht zu verkleiden. Sie täuscht nicht. Sie ist rein.

Zumindest glauben wir das.

Schauen wir uns Theorien über die Wahrheit genauer an, dann entfaltet sich ein komplexes Geflecht von Definitionen und Facetten. Philosophisch betrachtet, hat die Frage nach der Wahrheit Gelehrte und Denker über Jahrhunderte hinweg beschäftigt. In der Philosophie des Wissens, auch als Epistemologie bekannt, gibt es verschiedene Ansätze zur Wahrheit. Der Korrespondenztheorie zufolge ist eine Aussage wahr, wenn sie mit den tatsächlichen Gegebenheiten übereinstimmt. Die Aussage »Die Sonne scheint« ist also wahr, wenn tatsächlich die Sonne scheint. Pragmatiker argumentieren, dass Wahrheit durch die praktischen Konsequenzen einer Überzeugung definiert wird. Eine Behauptung wie »Eis ist kalt« ist wahr, wenn sie dazu führt, dass Menschen ihre Getränke kühlen können und dadurch ihren Durst stillen. Konsens, Kohärenz und Konsistenz sind weitere Maßstäbe, die in der philosophischen Diskussion über die Wahrheit eine Rolle spielen. Wahrheit entsteht durch einen Konsens innerhalb einer Gruppe oder Gesellschaft. In einer Gruppe von Menschen könnte die Aussage »Pizza ist lecker« als wahr angesehen werden, wenn alle Mitglieder dieser Gruppe zustimmen. Durch die Kohärenz einer Aussage hingegen wird Wahrheit mit anderen bereits akzeptierten Aussagen bestimmt. Wenn also jemand behauptet, dass sie in einem Land lebt, in dem es keinen Winter gibt, wäre diese Aussage kohärent, wenn sie mit anderen bekannten Fakten über dieses Land übereinstimmt. Wahrheit wird durch die Konsistenz einer Aussage mit den eigenen früheren Überzeugungen oder Aussagen definiert. Eine Person behauptet, dass sie ein passionierter Umweltschützer ist und sich aktiv für den Erhalt der Natur einsetzt. Wenn diese Person jedoch regelmäßig große Mengen Plastikmüll produziert und keine Mülltrennung durchführt, wäre dies inkonsistent mit ihrer Behauptung und würde ihre Glaubwürdigkeit infrage stellen. Um als wahrheitsgemäß angesehen zu werden, müsste die Person ihre Überzeugungen und Handlungen in Einklang bringen und konsistent im Einklang mit ihren Umweltschutzansichten handeln.

In der Philosophie werden Diskussionen über die Wahrheit oft von der Frage begleitet, ob absolute oder relative Wahrheiten existieren. Einige argumentieren, dass es objektive Wahrheiten gibt, die unabhängig von menschlichem Bewusstsein oder Meinungen existieren, während andere behaupten, dass Wahrheit relativ und kulturell bedingt ist. Dieser Kontext bringt verschiedene philosophische Schulen wie den Konstruktivismus oder den Relativismus hervor.

Die Geschichte ist reich an Beispielen, in denen die Suche nach der Wahrheit tiefgreifende Auswirkungen hatte. Galileo Galilei, der gegen den damaligen Konsens argumentierte, dass die Erde um die Sonne kreist, nicht umgekehrt, steht als Symbol für den Konflikt zwischen Wissenschaft und dogmatischer Wahrheit. Aber auch Ereignisse wie die Hexenverfolgungen im Mittelalter haben gezeigt, wie sich gesellschaftliche Normen und kollektive Überzeugungen als »Wahrheit« manifestieren können, selbst wenn sie auf irrationalen Annahmen beruhen. In der modernen Welt hingegen, geprägt von Fake News und Desinformation, stellt sich die Frage nach der Wahrheit auf globaler Ebene. Die Herausforderung besteht darin, objektive Fakten von subjektiven Meinungen zu unterscheiden und den Wahrheitsgehalt von einer Flut aus Informationen in kürzester Zeit zu bewerten.

Juristisch gesehen wäre das wahr, was bewiesen werden kann. Alles andere würde als irrelevant oder spekulativ abgetan werden.

Die juristische Perspektive auf Wahrheit legt Wert auf nachweisbare Fakten und vermeidet Spekulationen oder subjektive Interpretationen. In Gerichtssälen werden Argumente und Beweise abgewogen, und das Urteil stützt sich auf die präsentierten Fakten.

»Anfangs dachte ich wirklich, dass meine Frau das Problem ist. Ich kam nur zur Therapie, weil ich ihr beweisen wollte, dass mit mir alles in Ordnung ist. Jetzt weiß ich, was mein Problem ist. Mein Beruf. Ich habe keine Krankheit. Ich habe eine Berufskrankheit«, sagte er und lächelte stolz über seine Worte. Vielleicht sogar ein bisschen zu stolz.

»Als guter Anwalt wollten Sie ihr das schließlich ordentlich beweisen. Kann ich schon verstehen«, sagte ich und versuchte, nicht ganz so unbeeindruckt zu klingen. »Wie lief das letzte Gespräch über Ihre Beziehung mit Ihrer Frau?«

»Besser. Viel besser als sonst. Authentischer. Ich war wirklich als Ehemann präsent. Nicht als Anwalt. Zumindest habe ich mir große Mühe gegeben, das abzustellen. Das ist ihr sogar aufgefallen. Das fand sie sehr gut.«

Herr K. ist – wie bereits ersichtlich wurde – Rechtsanwalt. Ein ziemlich erfolgreicher sogar, der einen guten Ruf genießt. Er ist dabei so vernarrt in diesen Beruf, dass er seine Rolle als Rechtsanwalt teilweise nicht mehr »abstellen« konnte. In jeder noch so kleinen Konfliktsituation mit seiner Frau legte er sich sofort passende Argumente zurecht, um »den Disput zu gewinnen«, wie er immer sagte.

»Ich überlege mir innerhalb von Sekunden schon, was sie gleich auf mein Argument alles antworten könnte, und lege mir sofort für jedes potenzielle Argument mindestens zwei richtig gute Gegenargumente zurecht. Ich bin so schlagfertig, da kann mir niemand was. Ich habe immer gewonnen. Jeden einzelnen Streit. Immer!«, erzählte er einmal stolz.

»Wie definieren Sie den Gewinn?«, fragte ich dann.

»Na ja, sie fängt ja an, mir immer irgendwelche herbeigezogenen Vorwürfe zu machen. Immer würde ich dieses oder jenes tun oder nicht tun. Stimmt so alles gar nicht. Alles Auslegungssache. Und das mache ich ihr deutlich.«

»Und Sie ›gewinnen‹ dann, weil sie Ihnen am Ende zustimmt und der Konflikt gelöst ist?«

»Nee, sie stimmt mir nicht zu. Da ist sie zu stolz. Auch wenn ich die besseren Argumente habe. Sie geht dann einfach sauer weg, und dann reden wir ein paar Tage nur noch das Nötigste, bis man sich halt wieder einkriegt«, erklärte er nüchtern. Diesmal nicht mehr so stolz.

»Wo genau ist da der Gewinn?«, hakte ich nach. Das interessierte mich wirklich brennend, denn ich sah nur Verlust auf beiden Seiten. Was genau verstand er unter Gewinn? Den gewonnenen Schlagabtausch, weil sie irgendwann nichts mehr sagt und sich abwendet – vermutlich nicht, weil ihr nichts mehr einfällt, sondern, weil sie merkt, dass es einfach keinen Sinn macht? Dass sie sich im Kreis drehen? Dass er lieber gewinnen wollte, als die Beziehung zu wahren?

»Stellen Sie sich vor, meine Frau ist die gegnerische Anwältin, und wir haben diesen Schlagabtausch vor Gericht. Da wäre ich jedes Mal der Gewinner. Ganz klar«, sagte er und grinste breit.

Als Verteidiger vor Gericht ist er Meister der Überzeugung, ein begnadeter Schauspieler auf der Bühne des Rechts. Doch hinter den Kulissen entwickelte sich eine Berufskrankheit, eine entfremdete Realität, in der die Grenzen zwischen der beruflichen Identität und der privaten Persönlichkeit im wirklichen Leben verschwammen. Die Rolle des Anwalts begann, seine Identität außerhalb des Gerichtssaals zu übernehmen. Die Wahrheit, die er vor Gericht präsentierte, wurde nicht nur zu einem Instrument der Überzeugung, sondern zu einer Waffe in seinem täglichen Leben. Das ging so weit, dass die absolute Überzeugung von seiner eigenen Wahrheit die Dynamik seiner Beziehung zu seiner Frau grundlegend veränderte. Nicht von einem Tag auf den anderen. Sondern schleichend. Es ging nicht mehr darum, ob etwas objektiv wahr ist, sondern wer das Recht auf seiner Seite hatte. Wem die imaginäre Richterin zustimmen würde. Er verwandelte sich in einen Advokaten seiner eigenen Überzeugungen, indem er argumentativ das Recht als absolute Wahrheit proklamierte.

Seine Frau hatte keine Chance. Die Beziehung hatte keine Chance. Die Wahrheiten beider Beziehungspersonen, die theoretisch parallel existieren konnten und zu einem Kompromiss hätten führen können, hatten erst recht keine Chance. Denn für ihn zählte nicht mehr die objektive Wahrheit, sondern die Dominanz des Arguments. Er antizipierte die möglichen Einwände seiner Frau im Voraus, um sie sofort entkräften zu können.

Diese juristische Definition von Wahrheit steht im Kontrast zu den komplexen Nuancen, die die menschliche Erfahrung prägen. Im persönlichen und zwischenmenschlichen Bereich kann die Wahrheit oft mehrdeutig sein, von persönlichen Überzeugungen und Emotionen gefärbt. Das, was vor Gericht als »bewiesen« gilt, mag nicht immer die vollständige Wahrheit einer Situation erfassen. Die Herausforderung besteht dann darin, die verschiedenen Dimensionen von Wahrheit zu erkennen und zu akzeptieren. In zwischenmenschlichen Beziehungen geht es nicht nur um objektive Fakten, sondern auch um die Anerkennung und Validierung subjektiver Erfahrungen. Genau das, was seiner Frau im Kontakt so sehnlichst fehlte.

Psychologisch betrachtet spielt die Wahrnehmung der Wahrheit eine entscheidende Rolle im menschlichen Denken und Handeln.

Kognitive Verzerrungen, Voreingenommenheit und soziale Einflüsse können die Wahrnehmung der Realität beeinflussen. Denn wie wir in den vorherigen Kapiteln gesehen haben, neigen Menschen dazu, Informationen so zu verarbeiten, dass sie ihre bestehenden Überzeugungen und Vorurteile bestätigen, was wiederum die eigene Wahrheit nährt – nicht aber eine übergeordnete Wahrheit. Wenn es die überhaupt gibt. Dass das zu verzerrten Wahrnehmungen und Entscheidungen führen kann, ist uns bereits bekannt. Auch von uns selbst, vorausgesetzt, wir sind ehrlich zu uns selbst.

Was ist dann aber wahr? Das, was wir glauben zu wissen, zu sein, zu erleben? Ist das wahr, woran wir uns erinnern können?

Auch da muss ich enttäuschen.

In der Psychologie gibt es das Phänomen, bei dem Menschen sich an Ereignisse erinnern, die nie stattgefunden haben. Der sogenannte False Memory Effect verdeutlicht die Fragilität der menschlichen Wahrnehmung und Erinnerung sowie die Unzuverlässigkeit unseres Gedächtnisses und dessen Anfälligkeit für externe Einflüsse.

In psychologischen Experimenten wurden Probanden manipulierten Informationen ausgesetzt. Sie erhielten eine Liste von Wörtern präsentiert, die thematisch eng miteinander verknüpft sind, aber das Schlüsselwort wurde bewusst ausgelassen. Nach dem Experiment zeigte sich die Tendenz, dass die Probanden das fehlende Wort fälschlicherweise in Erinnerung rufen, beeinflusst von den umgebenden Begriffen. Obwohl sie es nie gesehen haben.

Dieser Effekt wird besonders deutlich, wenn Menschen nachträglich falsche Informationen erhalten oder durch suggestive Fragestellungen beeinflusst werden. Ein Klassiker ist das Beispiel von Augenzeugen in Kriminalfällen, die nach intensiven Befragungen durch Polizei oder Anwälte dazu neigen, ihre Erinnerungen zu verändern und sich an Details zu erinnern, die nie passiert sind.

Charles Allan Gilbert, All is vanity **(1892)**

Unser Gedächtnis ist nicht nur ein passiver Speicher, sondern kann durch verschiedene Faktoren beeinflusst werden, was zum Phänomen der verfälschten Erinnerungen führt. Das geht sogar so weit, dass Menschen Missbrauchserfahrungen in ihrer Kindheit durch Psychotherapeuten oder Psychotherapeutinnen eingeredet werden konnten. Auch wenn es dafür kaum bis keine Beweise oder Anhaltspunkte gab. Das zeigt auch, wie leicht wir dazu neigen, uns von externen Einflüssen in unserem Erinnerungsprozess leiten zu lassen.

Ein Vexierbild, oder auch Wechselbild, ist eine grafische Darstellung, die bei unterschiedlicher Betrachtung verschiedene Bedeutungen oder Figuren zeigt. Hier ist das Werk *All is vanity* des US-amerikanischen Malers Charles Allan Gilbert dargestellt. Es zeigt einen Schädel oder Totenkopf und eine Frau, die vor einem Spiegel sitzt – je nachdem, was man sieht oder aus welchem Winkel man es betrachtet.

Je nachdem, wer es betrachtet. Während einige nur eines der abgebildeten Motive sehen können, können andere beide sehen, und wiederum andere werden vielleicht sogar Probleme haben, überhaupt ein zusammenhängendes Bild zu sehen. Welche Person hat dann recht, wenn sie nach der Wahrheit dieses Bildes gefragt werden würde? Jede einzelne würde auf ihre Wahrnehmung der Tatsachen bestehen, und es könnte ein Konflikt zwischen allen Beteiligten entstehen. Darüber, was die Wahrheit ist.

Franz Kafka erwähnte in seinem Tagebucheintrag aus dem Jahr 1911 die faszinierenden Vexierbilder: »Das Versteckte in einem Vexierbild sei deutlich und unsichtbar: deutlich für den, der gefunden hat, wonach zu schauen er aufgefordert war; unsichtbar für den, der gar nicht weiß, dass es da etwas zu suchen gilt.«

Wenn Vexierbilder irgendetwas verdeutlichen, dann die Tatsache, dass Wahrnehmung relativ ist. Was für eine Person offensichtlich oder wahr erscheint, kann für eine andere täuschend oder anders sein. Die Wahrheit, wie wir sie oft definieren, ist abhängig von der Perspektive und Interpretation der Einzelnen. Selbst wenn wir uns der Täuschung eines solchen Bildes bewusst sind, können wir dennoch leicht getäuscht werden. Denn unsere Wahrnehmung ist nicht immer zuverlässig, was bedeutet, dass wir uns bemühen müssten, objektive Realität von subjektiven Interpretationen zu unterscheiden. Doch wie gelingt das, wenn wir dem glauben, was wir wahrnehmen, und das abstreiten, was andere wahrnehmen oder meinen wahrzunehmen?

Indem wir beispielsweise die kreative Seite der Wahrnehmung anerkennen, die Vexierbilder wunderbar zeigen können. Anstatt unterschiedliche Realitäten zu einem Kampf aus Wahrheiten werden zu lassen, können wir die Fähigkeit, verschiedene Interpretationen aus einem einzigen Bild zu ziehen, anerkennen.

Wir können bewundern, wie kreativ und vielseitig unsere Wahrnehmung sein kann, und damit eine Einigung dahin gehend finden, dass es mehr als eine Wahrheit geben kann. Ja, sogar geben muss. Dass sie von Natur aus vieldeutig ist und genau das der Gewinn ist. Weil wir uns dadurch nicht in simplen Kategorien bewegen müssen, sondern die Freiheit bekommen, alles dazwischen zu erkunden. Und unsere eigene Wahrheit zu finden.

Zusammengefasst ist die Wahrheit ein komplexes Konzept, das nicht nur objektive Realität, sondern auch subjektive Wahrnehmung, soziale Konstruktionen und kognitive Prozesse einschließt. In einer Welt mit vielfältigen Perspektiven und Interpretationen bleibt die Suche nach der Wahrheit eine fortwährende Herausforderung.

Nehmen wir die Kolonialisierung als Beispiel: Während in den ehemaligen Kolonialstaaten oft eine glorifizierende Sicht auf die Kolonialisierung herrschte, erlebten die Nachkommen der Kolonisierten oft Traumata und leiden teilweise bis heute unter den negativen Auswirkungen dieser ausbeuterischen Geschichte.

Solche unterschiedlichen Wahrheiten haben Auswirkungen auf zwischenmenschliche Beziehungen, politische Entscheidungen und die Art und Weise, wie Geschichte gelehrt und interpretiert wird. Sie verdeutlichen, wie die Wahrheit oft durch persönliche und kulturelle Filter gefärbt wird, was zu Missverständnissen und Konflikten führen kann.

Also ist Wahrheit im Grunde nur Interpretation? Das wäre ein Ansatz, der die Subjektivität von Wahrheit hervorhebt. Gerade weil unsere Wahrnehmungen und Interpretationen von Ereignissen stark von persönlichen Erfahrungen, kulturellen Hintergründen und individuellen Überzeugungen beeinflusst werden, ist das auch nicht weit hergeholt. Schauen wir uns nur die verschiedenen kulturellen Interpretationen von Geschichtsereignissen an. Die Siegermächte schreiben oft die Geschichte um, um ihre eigene Perspektive zu betonen und die Wahrheit nach ihren Interessen zu formen. Kolumbus »entdeckte« nach diesem Narrativ Amerika. Es wurden zahlreiche glorifizierende Bücher dazu geschrieben und Lieder über diese »Entdeckung« gesungen. Die indigene Bevölkerung hat aber eine ganz andere Perspektive auf die sogenannte »Entdeckung« durch Kolumbus. Für viele indigene Gemeinschaften war die Ankunft der europäischen Entdecker ein katastrophales Ereignis, das mit dem Verlust von Land, Ressourcen, Kultur und Leben verbunden war.

Viele indigene Völker betrachten die Ankunft der Europäer nicht als Entdeckung, sondern als Invasion oder Eroberung. Sie haben lange vor der Ankunft der Europäer auf dem amerikanischen Kontinent gelebt und eine reiche und vielfältige Kultur entwickelt. Die Europäer brachten Krankheiten, Gewalt und Ausbeutung mit sich, die verheerende Auswirkungen auf die indigene Bevölkerung hatten und zu einem massiven Bevölkerungsrückgang führten.

Darüber hinaus wird oft betont, dass die Europäer nicht »Amerika entdeckten«, sondern vielmehr auf bereits existierende Zivilisationen trafen, die über komplexe Gesellschaften und politische Strukturen verfügten. Die indigenen Völker hatten ihre eigenen Vorstellungen von Landbesitz, Ressourcennutzung und Gemeinschaftsstrukturen, die oft im Widerspruch zu den Vorstellungen der Europäer standen.

Insgesamt betrachten viele indigene Gemeinschaften die »Entdeckung« Amerikas durch Kolumbus als eine Geschichte von Unterdrückung, Ausbeutung und Kolonialismus, die tiefe Wunden in ihrer Geschichte hinterlassen hat. Sie betonen die Notwendigkeit, die Geschichte aus ihrer Perspektive zu betrachten und die Stimmen und Erfahrungen der indigenen Völker anzuerkennen und zu respektieren.

Diese Interpretationsvielfalt führt zu einer Vielzahl von Wahrheiten, je nachdem, aus welcher kulturellen oder historischen Perspektive man sie betrachtet. Und je nachdem, welcher Wahrheit geglaubt wird beziehungsweise welche Mehrheit welche Wahrheit glaubt. Was natürlich auch davon abhängig ist, welche Gesellschaft am längeren Hebel sitzt, machtvoller ist und das Narrativ der Wahrheit vorgibt. Also letztlich das, was in den Geschichtsbüchern stehen wird und schon in der Schule gelehrt werden wird.

Also ist Wahrheit reine Glaubenssache?

Um diesem Ansatz etwas entgegenzubringen, gibt es die naturwissenschaftliche Methode.

Diese ist vermutlich am nächsten an einer objektiven Wahrheit dran, denn sie versucht, eine objektive Realität, unabhängig von individuellen Interpretationen, zu erkunden. Zum Beispiel dadurch, dass durch kontrollierte und wiederholbare Experimente objektive

Erkenntnisse gewonnen werden können. Hier wird betont, dass es eine Wahrheit gibt, die unabhängig von individuellen Perspektiven existiert. Und doch unterliegen viele Experimente zahlreichen Störfaktoren, sodass die Bedingungen immer kontrollierter sein müssen, um den Effekt der Störfaktoren so gering wie möglich zu halten. Das schafft aber wieder »Laborbedingungen«, deren Ergebnisse nicht immer auf natürliche Umgebungen übertragbar sind. Es bleibt Interpretationsspielraum und Möglichkeiten für alles zwischen 0 und 1.

Und ist das im Grunde nicht großartig? Denn es bleibt Raum für Ambiguität. Und nur wenn wir offen für diese sein können, lernen, sie zu schätzen und mit ihr zu leben, dann können wir unterschiedliche Wahrheiten finden. Wir können Wahrheiten, die einst bestanden haben, hinterfragen, widerlegen und durch neue ersetzen. So viele Erfindungen wären nicht möglich gewesen, wenn es keinen Raum für Ambiguität gegeben hätte. Menschen, die im Design oder im Ingenieurswesen arbeiten, nutzen Ambiguität oft als Inspirationsquelle für die Entwicklung neuer Produkte und Technologien. Zum Beispiel hat die Ambiguität in der Frage, wie Menschen mit mobilen Geräten interagieren, zu Innovationen wie Touchscreens und Spracherkennungstechnologien geführt, die die Art und Weise verändert haben, wie wir mit Technologie umgehen. Denn Ambiguität kann ein kreativer Treibstoff sein, der ermutigt, über den Tellerrand hinauszudenken und neue Lösungen zu finden, die herkömmliche Grenzen überschreiten.

Wenn keine Zweifel aufkommen, wie soll eine Weiterentwicklung stattfinden? Wenn keine Fragen gestellt werden, wie sollen Antworten entstehen? Die Antworten müssen dabei keine eindeutigen sein. Denn wir haben auf komplexe Fragen und innere Zweifel nicht immer klare Antworten. Sonst würden die Fragen gar nicht erst aufkommen.

Was ist die Wahrheit?

Ich weiß es nicht. Und das ist das, was ich mit all diesen Zeichen in diesem Buch die ganze Zeit sagen will. Dass ich es auch nicht weiß. Ich kenne die Lösung nicht, und vielleicht gibt es sie auch gar nicht. Ja, sehr wahrscheinlich gibt es sie nicht. Die Rettung kommt vermutlich niemals an, und die eine Wahrheit, die uns Absolution bringen könnte, existiert gar nicht.

Die Wahrheit ist vielleicht eher, dass es *die Wahrheit* niemals gab, nicht gibt und niemals geben wird. Die Wahrheit ist wohl doch die Erfindung eines Lügners. Aber wäre das nicht nur eine weitere Dichotomie, die dafür sorgt, dass beide starren Kategorien weiterexistieren können? Wahrheit und Lüge?

Ich *weiß* es nicht. Aber ich *glaube*, dass die Wahrheit vielmehr eine Entscheidung ist. Ja, auch deine Entscheidung. Zumindest die Entscheidung für deine Wahrheit.

Du entscheidest dich täglich mehrfach bewusst oder auch ziemlich automatisch und unabsichtlich für Wahrheiten. Du entscheidest zum Beispiel in diesem Moment, was du vom Lesen dieses Buches haben wirst. Du entscheidest dich dafür, welche Informationen du glauben wirst, welche du ablehnen wirst, welche Wut in dir auslösen und welche dich wiederum glücklich machen werden.

Deshalb ist es so wichtig, dass wir lernen, uns selbst zu hinterfragen, ohne in Schutzmechanismen wie Simplifizierungen, Kategorisierungen oder Stereotypisierungen zu verfallen. Es muss möglich sein, dass wir unsere bisherigen Ansichten, Meinungen und Werte reflektieren und neugierig hinterfragen. Damit meine ich nicht nur die Gedanken, sondern alles, was an dem, was wir »Ich« nennen, dranhängt. Unsere Identität, unsere Erfahrungen, Prägungen, Gedanken, Gefühle, unser Verhalten, unsere Glaubenssätze, Entscheidungen, Werte und Normen, für die wir uns entschieden haben, unsere Freunde, unsere Familie und unsere Sozialisierung. Unseren sozioökonomischen Status, unseren Wohnort, unseren Beruf, unsere Krankheit und Gesundheit, unseren Körper und unsere angeborene sowie unsere erworbene Intelligenz.

Hinterfrage alles, was zu deinem »Ich« führt, statt es als von Gott gegebene, natürliche Ordnung der Dinge anzusehen. Stelle es infrage, statt dein Sein als eine Norm zu betrachten, die nicht verrückbar ist. Lerne sie aktiv zu verrücken, um eine neue Perspektive zu erhalten. Verrückt als das neue Normal. Verhandle mit dir und lerne dich dadurch kennen. Erkenne, dass du noch nichts über dich weißt, und lerne dich neugierig und offen kennen. Sei offen für Fragezeichen, und lerne, sie zu zelebrieren.

Was ich damit sagen will: Wenn du bei »Ich weiß es nicht« angekommen bist und dennoch die Möglichkeit einer Wahrheit erkennen kannst, dann bist du mit dieser mutigen Haltung des Nichtwissens wahrscheinlich am nächsten dran.

Statt eines Nachworts

Einladung in den Zwischenraum

Hat der einst gewalttätige Vater eine zweite Chance verdient? Wie kann eine Psychotherapeutin ihre Patienten und Patientinnen empathisch begleiten und gleichzeitig ihr eigenes Kind misshandeln? Kann ein Sozialarbeiter als Anti-Gewalt-Trainer arbeiten und selbst organisierte Gewalt ausüben? Dürfen Menschen mit extremistischen Ideologien im öffentlichen Raum und auf der Bühne auftreten? Wer hat recht in einem Krieg, und wer entscheidet das? Wie sollten wir als Gesellschaft mit Pädophilie umgehen? Wie kann Kinderschutz gelingen? Wie kann eine Entstigmatisierung psychischer Erkrankungen erfolgen?

Ich gebe zu, dass ich mich bei den meisten Themen in diesem Buch immer wieder gedanklich in der Komplexität der Ambiguität verloren und in der Folge ein starkes Bedürfnis nach einer klaren Struktur oder zumindest einer klaren Anleitung zur Lösung dieser komplexen Situationen verspürt habe. Ich lernte dabei vor allem, dass es eben dieser Verzicht auf die Erfüllung des Bedürfnisses nach schneller Eindeutigkeit ist, der den Schlüssel in den Zwischenraum eröffnet, in den Rumi uns einst einlud. Auszuhalten, dass etwas nicht sofort lösbar ist. Auszuhalten, dass man die Lösung gerade auch (noch) nicht kennt und vielleicht auch nie finden wird. Auszuhalten, dass es mehr als eine Sichtweise auf die Dinge gibt und dass jede dieser Sichtweisen in sich stimmig und logisch ist. Und gleichzeitig zu wissen, dass Logik nicht gleich Wahrheit bedeutet. Dass eine Perspektive, eine Meinung, eine Haltung oder eine Ideologie eben nur das ist. Eine Perspektive von vielen. Dass eine Perspektive keinen Anspruch auf Wahrheit hat und keinen Anspruch auf allgemeine Gültigkeit. Haltungen wie »Meine Meinung ist die richtige und deine ist damit logischerweise die falsche« öffnen genau zwei Türen zu zwei klar voneinander abgegrenzten Räumen. Richtig und falsch. Die Ambiguitätstoleranz hingegen öffnet den Schlüssel zu einer Tür, in den Zwischenraum, hinter der unendlich viele Möglichkeiten bestehen.

Dieser Zwischenraum ist ein Ort der Ambiguität, der Unsicherheit und der Vielschichtigkeit. Statt uns in die festen Gemäuer von Richtig und Falsch zu drängen, lädt uns der Zwischenraum dazu ein, die Nuancen des Lebens zu erkunden und die Zwischentöne zu erkennen. Die Einladung in den Zwischenraum ist eine Aufforderung zur Offenheit, zur Neugierde und zur Bereitschaft, die Welt aus neuen Perspektiven zu betrachten. Sie ermutigt uns, uns von den Fesseln des Schwarz-Weiß-Denkens zu befreien und die Komplexität des Lebens anzuerkennen. Denn nur im Zwischenraum können wir die Schönheit der Vielfalt entdecken, die uns umgibt, und die reiche Palette der menschlichen Erfahrung wertschätzen. Die Einladung in den Zwischenraum, die Rumi einst formulierte, ist eine Aufforderung zum Wandel und zur Entdeckung neuer Horizonte.

In diesem Zwischenraum haben wir die Freiheit, uns selbst zu hinterfragen, unsere Überzeugungen zu überdenken und unsere Vorstellungen von Wahrheit und Realität zu erweitern. Wir können lernen, mit Ambiguität umzugehen, statt sie zu fürchten. Wir können lernen, sie als Quelle der Inspiration und des Wachstums zu nutzen. Sofern wir das richtige Werkzeug haben. Die Toleranz eben dieser Ambiguität.

Ambiguitätstoleranz ist die Fähigkeit, auf die Zwischentöne des Lebens zu hören. Auf individueller Ebene ermöglicht Ambiguitätstoleranz, flexibel mit unklaren Situationen umzugehen. Menschen mit hoher Ambiguitätstoleranz bewältigen Unsicherheiten besser, während andere vielleicht nach klaren Antworten und festen Strukturen suchen. Auf gesellschaftlicher Ebene spielt Ambiguitätstoleranz eine entscheidende Rolle in der Akzeptanz von Vielfalt und dem Umgang mit kulturellen Unterschieden. In einer diversen Welt ist die Fähigkeit, Ambiguität zu tolerieren, der Schlüssel zu interkultureller Harmonie und Zusammenarbeit. »Alles, was dazwischenliegt« spiegelt nicht nur die persönliche Entwicklung, sondern auch die Dynamik von Gruppen und Gesellschaften wider. Es erinnert daran, dass das Leben nicht nur in klaren Konturen existiert, sondern dass zwischen den Linien eine reiche Vielfalt liegt, die es zu erkunden und zu verstehen gilt. Ambiguitätstoleranz ist somit nicht nur ein psychologisches Konzept, sondern eine lebenspraktische Fähigkeit, die die Komplexität unserer Welt anerkennt. Sie ist ein Bewältigungsmechanismus, der es ermöglicht, mit Unsicherheiten umzugehen. Menschen, die Ambiguität tolerieren, passen sich besser an wechselnde Umstände an. In Gruppen fördert Ambiguitätstoleranz offene Kommunikation und einen konstruktiven Umgang mit Differenzen.

Diese Fähigkeit hat weitreichende Auswirkungen für persönliches Wachstum und zwischenmenschliche Beziehungen. Menschen mit hoher Ambiguitätstoleranz sind offen für neue Ideen und Perspektiven, weniger anfällig für Vorurteile und akzeptieren Unsicherheiten als natürlichen Bestandteil des Lebens.

Der Weg zur Ambiguitätstoleranz beginnt mit der Anerkennung, dass die Welt komplex ist und nicht immer klare Antworten bietet. Das bedeutet aber auch, ihre Grenzen zu akzeptieren. So sehr wir unsere persönliche Fähigkeit zur Ambiguitätstoleranz auch stärken und so viele Vorteile das auch mit sich bringen mag, so ist diese Fähigkeit keinesfalls die Lösung aller zwischenmenschlichen oder gesamtgesellschaftlichen Probleme. Sie ist allerdings ein guter Berater bei der Erkundung der Lösungsmöglichkeiten.

Else Frenkel-Brunswik, deren Arbeit maßgeblich zur Entwicklung des Konzepts der Ambiguitätstoleranz beigetragen hat, eröffnete uns diesen Blick in den Zwischenraum. Sie forderte uns auf, alles, was wir über uns selbst und die Welt um uns herum zu wissen glauben, zu hinterfragen. Sie lud uns ein, die vermeintliche Sicherheit unserer festgefügten Überzeugungen aufzubrechen und den Reichtum der Ambiguität zu erkunden.

Sie starb am 31. März 1958, drei Jahre nachdem ihr Mann durch Suizid verstarb. Es wird vermutet, dass auch sie sich das Leben nahm, doch zu ihrem Tod gibt es unterschiedliche Informationen. Einerseits war bekannt, dass sie ein Herzleiden und weitere gesundheitliche Probleme hatte, andererseits wusste man auch, dass sie seit Jahren unter Depressionen litt und dass der Suizid ihres Mannes eine schwere psychische Krise bei ihr ausgelöst hatte.

Else Frenkel-Brunswik hinterließ eine Situation voller Mehrdeutigkeit, selbst mit ihren letzten Atemzügen. Ob das nun gewollt war oder nicht: Sie lebte und starb im Zwischenraum der Ambiguität.

Literatur

Alcock, J. (2019). Paranormality: Why We See What Isn't There. Arrow.

Arlow, J., & Brenner, C. (1974). Grundbegriffe der Psychoanalyse. Die Entwicklung von der topografischen zur strukturellen Theorie der psychischen Systeme. Reinbek: Rowohlt Taschenbuch Verlag.

Budner, S. (1962). Intolerance of ambiguity as a personality variable. Journal of Personality, 30 (1), 29–50.

Bushman, B. J., Baumeister, R. F., & Stack, A. D. (1999). Catharsis, aggression, and persuasive influence: Self-fulfilling or self-defeating prophecies? Journal of Personality and Social Psychology, 76 (3), 367–376.

Dollinger, S. J., & Orf, L. A. (1991). Intolerance of ambiguity and decision-making style: Objective vs. subjective. Psychological Reports, 69 (3 Pt 1), 923–929.

Emmons, R. A., & McCullough, M. E. (2003). Counting blessings versus burdens: An experimental investigation of gratitude and subjective well-being in daily life. Journal of Personality and Social Psychology, 84 (2), 377–389.

Goethe, J. W. (1948 ff.). Zur Farbenlehre. In: Gedenkausgabe der Werke, Briefe und Gespräche (Bd. 16, S. 17–27). Zürich: dtv.

Gollwitzer, M., Rothmund, T., & Süssenbach, P. (2013). The long-term effects of venting anger: Aggressive responding induces cognitive accessibility of aggressive content. Journal of Personality and Social Psychology, 105 (3), 494–509.

Gopnik, A. (2012). Scientific thinking in young children: Theoretical advances, empirical research, and policy implications. Science, 337 (6102), 1623–1627.

Grawe, K. (1998). Psychologische Therapie. Göttingen: Hogrefe.

Gudykunst, W. B., & Hammer, M. R. (1988). Strangers and hosts: An uncertainty reduction-based theory of intercultural adaptation. In Y. Y. Kim & W. B. Gudykunst (Hrsg.), Theories in Intercultural Communication (S. 60–84). Sage Publications.

Harbusch, U., & Wittkop, G. (2007). Kurzer Aufenthalt: Streifzüge durch literarische Orte (S. 271). Göttingen: Wallstein.

Jung, C. G. (1959). The Archetypes and the Collective Unconscious. Pantheon Books.

Keupp, H., et al. (1999). Identitätskonstruktionen. Das Patchwork der Identitäten in der Spätmoderne. Reinbek.

Kohlberg, L. (1976). Moral stages and moralization: The cognitive-developmental approach. Moral development and behavior: Theory, research, and social issues, 31–53.

Krappmann, L. (2000). Soziologische Dimensionen der Identität. Strukturelle Bedingungen für die Teilnahme an Interaktionsprozessen. Stuttgart: Klett-Cotta Verlag.

Lohr, J. M., Olatunji, B. O., Parker, L., & DeMaio, C. (2007). Experimentally manipulating cognitions in the A-B-A-B design: A comment on Barlow (1996). Journal of Behavior Therapy and Experimental Psychiatry, 38 (1), 78–87.

Lynch, M. P. (2009). Truth as One and Many. Oxford University Press.

McLain, D. L. (1993). Intolerance of ambiguity as a personality variable. Perceptual and Motor Skills, 76 (3_suppl), 1295–1302.

McCullough, M. E., Emmons, R. A., & Tsang, J. (2002). The grateful

disposition: A conceptual and empirical topography. Journal of Personality and Social Psychology, 82 (1), 112–127.
McWilliams, N. (2011). Psychoanalytic Diagnosis: Understanding Personality Structure in the Clinical Process. Guilford Press.
Nin, A. (1975). The Diary of Anaïs Nin, Vol. 5 (1947–1955) (S. 149). Harvest.
Pennycook, G., & Rand, D. G. (2018). The Implied Truth Effect: Attaching Warnings to a Subset of Fake News Stories Increases Perceived Accuracy of Stories Without Warnings. Management Science, 66 (11), 4944–4957.
Reis, J. (1997). Ambiguitätstoleranz. Beiträge zur Entwicklung eines Persönlichkeitskonstruktes. Heidelberg: Asanger Verlag.
Reuss, S., & Becker, G. (1996). Evaluation des Ansatzes von Lawrence Kohlberg zur Entwicklung und Messung moralischen Urteilens. Immanente Kritik und Weiterentwicklung. Max-Planck-Institut für Bildungsforschung, Berlin.
Riemann, F. (1961). Grundformen der Angst: Eine tiefenpsychologische Studie. Ernst Reinhardt Verlag.
Riemann, F. (1975). Grundformen der Angst. Eine tiefenpsychologische Studie (10. überarbeitete und erweiterte Auflage, 52.–63. Tausend). Ernst Reinhardt Verlag.
Riemann, F. (1990). The Anatomy of Dependence. Springer.
Rosenberg, M. B. (2003). Gewaltfreie Kommunikation. Paderborn: Unionsverlag.
Seligman, M. E. P., Steen, T. A., Park, N., & Peterson, C. (2005). Positive psychology progress: Empirical validation of interventions. American Psychologist, 60 (5), 410–421.
Stegbauer, C. (2002). Reziprozität. Einführung in soziale Formen der Gegenseitigkeit. Wiesbaden: Westdeutscher.
Tversky, A., & Kahneman, D. (1974). Judgment under uncertainty: Heuristics and biases. Science, 185 (4157), 1124–1131.

Ullrich, J., Stroebe, W., & Hewstone, M. (2023). Sozialpsychologie (7. Aufl.). Springer.

Wood, A. M., Froh, J. J., & Geraghty, A. W. (2010). Gratitude and well-being: A review and theoretical integration. Clinical Psychology Review, 30 (7), 890–905.

Zimbardo, P. G., & Boyd, J. N. (1999). Putting time in perspective: A valid, reliable individual-differences metric. Journal of Personality and Social Psychology, 77 (6), 1271–1288.

Statistik »Angststörungen«, Deutsche Gesellschaft für Psychiatrie und Psychotherapie, Psychosomatik und Nervenheilkunde e.V. (DGPPN) (abgerufen am 13.01.2024): https://www.dgppn.de/_Resources/Persistent/81a4dc4e22718090a9b3f0660e370af38e835f87/Dossier_2022_web.pdf.